글 이수정

우연히 접한 학습 만화의 매력에 푹 빠져서 어려운 내용을 어린이들의 눈높이에 맞게 쉽고 재미있게 설명할 수 있는 학습 만화 시나리오를 쓰게 되었습니다. 겉으로 보이는 위인들의 훌륭한 면뿐만 아니라 숨겨진 노력과 열정을 찾아내어 감동적인 이야기를 만들기 위해 노력합니다.

그림 스튜디오 청비

기발한 상상력을 바탕으로 새롭고 재미있는 콘텐츠를 만들어 내는 만화 창작 집단입니다. 작품으로는 《성철 스님》, 《아 다르고 어 다른 우리말 101가지》, 《반기문 유엔 사무총장의 꿈과 도전》, 《who? 한국사 – 이성계 · 이방원》 등이 있습니다.

감수 경기초등사회과연구회
진로 탐색 감수 이랑(한국고용정보원 전임연구원)
추천 송인섭(숙명 여자 대학교 명예 교수)

 세계 인물

에이브러햄 링컨

개정판 1쇄 인쇄 2024년 11월 15일
개정판 1쇄 발행 2025년 1월 1일

글 이수정 **그림** 스튜디오 청비

펴낸이 김선식
펴낸곳 다산북스

부사장 김은영
어린이사업부총괄이사 이유남
책임편집 박세미 **디자인** 김은지 **책임마케터** 김희연
어린이콘텐츠사업1팀장 박정민 **어린이콘텐츠사업1팀** 김은지 박세미 강푸른
마케팅본부장 권장규 **마케팅3팀** 최민용 안호성 박상준 김희연
편집관리팀 조세현 김호주 백설희 **저작권팀** 이슬 윤제희 **제휴홍보팀** 류승은 문윤정 이예주
재무관리팀 하미선 김재경 임혜정 이슬기 김주영 오지수
인사총무팀 강미숙 이정환 김혜진 황종원
제작관리팀 이소현 김소영 김진경 최완규 이지우 박예찬
물류관리팀 김형기 김선민 주정훈 김선진 한유현 전태연 양문현 이민운

출판등록 2005년 12월 23일 제313-2005-00277호
주소 경기도 파주시 회동길 490
전화 02-704-1724 **팩스** 02-703-2219
다산어린이 카페 cafe.naver.com/dasankids **다산어린이 블로그** blog.naver.com/stdasan
종이 신승INC **인쇄** 북토리 **코팅 및 후가공** 평창피앤지 **제본** 대원바인더리

ISBN 979-11-306-5798-1 14990

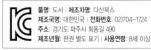

품명: 도서 | **제조자명**: 다산북스
제조국명: 대한민국 | **전화번호**: 02)704-1724
주소: 경기도 파주시 회동길 490
제조년월: 판권 별도 표기 | **사용연령**: 8세 이상
※ KC마크는 이 제품이 공통안전기준에 적합하였음을 의미합니다.

에이브러햄 링컨

Abraham Lincoln

다산
어린이

자신만의 멘토를 만날 수 있는
who? 시리즈

 다산어린이의 〈who?〉 시리즈는 어린이들은 물론 어른들에게도 재미와 감동을 주는 교양 만화입니다. 〈who?〉 시리즈는 전 세계 인류에 영향력을 끼친 인물들로 구성되었으며 인물들의 삶과 사상을 객관적으로 전해 줍니다.

 이처럼 다양한 나라와 분야에서 활약한 위인들의 이야기를 통해 과학, 예술, 정치, 사상에 관한 정보는 물론이고, 나라별 문화와 역사까지 배우게 될 것입니다. 〈who?〉 시리즈의 가장 큰 장점은 위인들이 그들의 삶에서 겪은 기쁨과 슬픔, 좌절과 시련, 감동을 어린이들이 함께 느낄 수 있다는 것입니다. 어린이들은 이 책을 읽으면서 폭넓은 감수성을 함양하게 됩니다.

 〈who?〉 시리즈의 어린이 독자들이 책 속의 위인들을 통해 자신만의 멘토를 만나 미래의 세계적인 리더로 성장하기를 진심으로 응원합니다.

존 덩컨 미국 UCLA 동아시아학부 교수

존 덩컨(John B. Duncan) 교수는 한국학 분야의 세계적인 석학으로 미국 UCLA 한국학 연구소 소장 및 동 대학의 동아시아학부 교수를 겸직하고 있습니다. 하버드 대학교 교환 교수와 고려 대학교 해외 교육 프로그램 연구센터장을 역임했으며, 주요 저서로는 《조선 왕조의 기원》, 《조선 왕조의 시민 행정의 제도적 기초》 등이 있습니다.

세상을 더 나은 곳으로 만든
사람들의 이야기

어린이들은 자라면서 수많은 궁금증을 가지게 됩니다. 그중에서도
"저 사람은 누굴까?"라는 질문은 종종 아이들의 머릿속을 온통 지배해
버리기도 합니다. 다산어린이에서 출간된 〈who?〉 시리즈는 그런 궁금증을
해결해 주기 위해 지구촌 다양한 분야의 리더들을 소개하고 있습니다.

〈who?〉 시리즈에 등장하는 인물들은 인종과 성별을 넘어 세상을 더
나은 곳으로 만든 사람들입니다. 어린이들은 이 책에서 디지털 아이콘으로
불리는 스티브 잡스는 물론 니콜라 테슬라와 같은 천재 발명가를 만날 수
있습니다.

책 속 주인공들의 어린 시절 이야기를 통해 기쁨과 슬픔, 도전과
성취감을 함께 맛보고, 그들과 함께 성장하면서 스스로 창조적이고 인류에
도움이 되는 사람이 되겠다는 포부와 자신감을 갖게 될 것입니다.

〈who?〉 시리즈 속에서 다채롭고 생동감 넘치는 위인들의 이야기를
만나 보세요.

에드워드 슐츠 하와이 주립 대학교 언어학부 교수

에드워드 슐츠(Edward J. Shultz) 하와이 주립 대학교 언어학부
교수는 동 대학의 한국학센터 한국학 편집장을 역임한 세계적인
석학입니다. 평화봉사단 활동의 하나로 한국에서 영어 교사로 근무한
경험이 있으며, 현재 한국과 미국, 일본을 오가며 활발한 활동을
펼치고 있습니다. 저서로는 《중세 한국의 학자와 군사령관》,
《김부식과 삼국사기》 등이 있고, 한국 중세사와 정치에 대한 다수의
기고문을 출간했습니다.

미래 설계의 힘을 얻는 길이 여기에 있습니다

어린이가 성장하는 시기에는 스스로 미래를 설계하며 다양한 책을 접하는 경험이 필요합니다.

어린 시절 만난 한 권의 책이 인생에 미치는 영향이 얼마나 큰지는 꿈을 이룬 사람들의 말을 통해서 알 수 있습니다. 빌 게이츠는 오늘날 자신을 만든 것은 동네의 작은 도서관이었다고 말하고, 오프라 윈프리는 어린 시절 유일한 친구는 책이었음을 고백하며 독서의 중요성에 대해 이야기합니다.

꿈을 이룬 사람들의 공통점은 또 있습니다. 그들에게는 어린 시절, 마음속에 품은 롤 모델이 있었습니다. 여러분의 롤 모델은 누구인가요? 〈who?〉 시리즈에서는 현재 우리 어린이들이 가장 닮고 싶어하는 롤 모델을 만날 수 있습니다. 버락 오바마, 빌 게이츠, 조앤 롤링, 스티브 잡스 등 세상을 바꾼 사람들의 감동적인 이야기를 담은 〈who?〉 시리즈는 어린이들이 구체적인 목표를 설정하고 희망찬 비전을 세울 수 있도록 도와줄 친구이면서 안내자입니다. 〈who?〉 시리즈를 통하여 자신의 인생 모델을 찾고 미래 설계의 힘을 얻을 수 있습니다.

송인섭 숙명 여자 대학교 명예 교수

숙명 여자 대학교 명예 교수이자 한국영재교육학회 회장으로 자기주도학습 분야의 최고 권위자입니다. 한국교육심리연구회 회장, 한국교육평가학회장, 한국영재연구원 원장을 역임했습니다. 자기주도학습과 영재 교육의 이론을 실제 교육 현장에 적용하기 위해 노력하고 있습니다.

평생을 이끌어 줄
최고의 멘토를 만날 수 있는 책

　　10대에 가장 중요한 것은 무엇일까요? 학과 공부와 입시일까요? 우리나라 최초의 국제회의 통역사로 30년 동안 활동하면서 글로벌 리더들을 만날 기회가 수없이 많았던 저는 대한민국의 초등학생들에게 특별한 조언을 해 주고 싶습니다. 그것은 큰 꿈을 가지는 것이 무엇보다 중요하다는 것입니다.

　　꿈은 힘들고 지칠 때 나를 이끌어 주는 힘이고 내 인생의 주인이 되어 일어설 수 있게 하는 원동력이 되어 줍니다. 꿈이 있는 아이가 공부도 잘하고 결국 그 꿈을 실현할 수 있게 되는 것입니다. 저 역시 어린 시절 품었던 꿈이 지금의 자리에 있게 한 원동력이었습니다. 남들이 모르는 큰 꿈을 마음속에 간직하고 있었기에 괴롭고 힘들어도 포기하지 않고 다시 일어설 수 있었습니다.

　　어린 시절 저에게도 힘들고 지칠 때마다 용기를 불어넣어 주고 힘이 되어 주었던 분들이 있었습니다. 지금의 자리로 저를 이끌어 준 멘토들처럼 〈who?〉 시리즈에서 여러분의 친구이자 형제, 선생이 되어 줄 멘토를 만날 수 있기를 바랍니다.

최정화 한국 외국어 대학교 교수

우리나라 최초의 국제회의 통역사로 현재 한국 외국어 대학교 통번역대학원 교수로 재직 중입니다. 세계 무대에서 자신의 꿈을 이룬 여성 신화의 주인공으로, 역시 세계에서 꿈을 펼치려고 하는 청소년들에게 멘토로서의 역할을 충실히 하고 있습니다. 저서로는 《외국어 내 아이도 잘할 수 있다》, 《외국어를 알면 세계가 좁다》, 《국제회의 통역사 되는 길》 등이 있습니다.

에이브러햄 링컨

- 이름: 에이브러햄 링컨
- 생몰년: 1809~1865년
- 국적: 미국
- 직업·활동 분야: 변호사, 정치인
- 주요 업적: 제16대 미국 대통령, 노예 해방 선언, 남북 전쟁 종식

에이브러햄 링컨은 가난한 농부의 아들로 태어나 집안일을 돕느라 겨우 글공부를 마쳤습니다. 하지만 타고난 성실함과 정직함으로 주위 사람들에게 인정을 받았고, 열심히 공부해서 능력 있는 변호사이자 정치인이 되었지요. 그는 노예로 살며 고통받는 흑인들의 삶을 안타까워했고, 결국 이를 해결하고자 대통령의 자리에 도전합니다.

세라 부시 존스턴

에이브러햄 링컨의 새어머니였던 세라는 링컨 남매를 진심으로 보듬어 주었어요. 특히 어려운 가정 형편에도 링컨을 학교에 보내 글을 가르쳤고, 그가 공부를 계속해서 훗날 대통령이 되는 데 큰 도움을 줍니다.

메리 토드 링컨

가난한 집안에서 자란 링컨과는 달리 부유한 집안에서 정규 교육을 받은 여성으로, 신분의 차이를 극복하고 링컨과 결혼합니다. 이후 링컨의 마지막 순간까지 기쁨과 고통을 함께하게 됩니다.

들어가는 말

- 가난과 시련에도 정직함과 성실함을 지키며 미국인이 가장 존경하는 대통령이 된 에이브러햄 링컨에 대해 알아봐요.
- 에이브러햄 링컨이 살았던 시대, 미국의 흑인 노예 제도와 남북 전쟁에 대해 살펴봅시다.
- 억울한 일을 당한 사람들을 변호하거나 법적인 도움을 주었던 링컨의 모습을 보고, 변호사가 하는 일에 대해 생각해 봐요.

1 어머니의 선물

에이브러햄 링컨은 1809년 2월 12일, 미국 켄터키 주의 통나무집에서 가난한 개척자의 아들로 태어났습니다. 가족들은 그를 에이브라고 불렀습니다.

어머니, 《성경》 읽어 주세요.

신앙심이 깊은 어머니는 매일 밤 잠자리에 들기 전에 성경 이야기를 들려주었습니다. 링컨은 하루 중에 이 시간이 가장 즐거웠습니다.

그래, 이번엔 신명기를 들려주마.

너는 마음을 강하게 하고 담대히 하라. 그들을 두려워 말라. 그들 앞에서 떨지 말라.

링컨의 아버지 토마스 링컨은
글을 읽고 쓸 줄 몰랐지만
매우 부지런한 사람이었어요.

그만하고 자.
내일은 일찍 밭에
나가야 하니까.

어머니 낸시 링컨 또한
배움이 적었지만
상냥하고 지혜로운
분이었습니다.

이는 네 하나님 여호와
그가 함께 행하실
것임이라.

어린 링컨은 가지고 놀 수 있는
변변한 장난감도, 그림책도 없었지만
불평 한마디 없는 심성이 바르고
착한 아이였어요.

링컨 가족은 새로운 땅을 찾아다니며
아침부터 밤늦게까지 쉴 새 없이 일을 했습니다.
하지만 쉽게 가난을 벗어나지는 못했습니다.
링컨과 누나 세라는 부모님을 도와
씨앗을 뿌리거나 돌을 나르는 일을 했습니다.

링컨의 어머니는 자녀들이 공부를 해서 가난에서 벗어나길 바랐습니다. 그래서 아버지를 설득하여 아이들을 학교에 보내기로 합니다.

비록 선생님 한 분에 교실 한 칸이 전부인 학교였지만 공부를 하게 된 링컨은 마냥 좋았습니다.

학교가 그렇게 좋으니?

아버지, 어머니! 학교 다녀왔습니다.

이 녀석아, 넘어질라.

네, 좋아요. 공부도 재미있고요.

헤헤.

농사일이 많을 때는 일손이 부족했기 때문에 학교에 가지 못하는 날이 더 많았습니다. 링컨은 아쉬웠지만 부모님을 원망하지는 않았습니다.

에이브, 이사 간다는 뜻이야.

추수도 거의 끝났고 이제 슬슬 떠날 준비를 해야겠어.

떠난다고요?

전 여기도 좋은데…….

이곳의 땅은 메말라서 곡식이 잘 자라지 않는단다. 기름진 땅을 찾아 가야지.

곧 겨울이 올 텐데 걱정이네요.

링컨 가족은 비옥한 땅을 찾아 길을 떠났습니다. 그리고 한 달을 달려 미국 중서부 지방의 인디애나주에 도착했습니다.

그 전에 떠나자고.

쉿, 여기서부턴 발소리를 내면 안 돼.

쉿!

자, 지금이다.

탕

됐다! 어서 들고 가자꾸나.

부르르...

아버지, 아직
살아 있어요.

괜찮다. 이
상태로
도망가지는 못해.

아버지, 사슴이
살려 달라고
애원하는 것 같아요.
치료해 주면 안 돼요?
너무 불쌍해요.

사내 녀석이
고작 이런 일로
눈물을 흘리다니.
쯧쯧!

이제 다시는
사냥에 따라가지
않을 거야.

어머니의 선물 **21**

며칠 뒤, 어머니는
어두운 표정으로 돌아오셨습니다.

이 일을 어쩌면 좋아.
그 어린것을 두고
먼저 가다니······.

우유병에 걸리기만
해도 죽어 버리니.
휴······.

친척 집에 다녀오신 어머니는
자주 피곤해하셨습니다.

어머니,
괜찮으세요?

으, 으응.
괜찮아.

그러게 왜 그 많은 일을
혼자 다 해서는······.

여,
여보!

어머니가
쓰러지셨어!

엄마는 네가 큰 땅의 주인이 되기보다 성경이 말하는 정의를 지키며 사는 사람이 되었으면 좋겠구나.

안 돼요, 어머니. 죽지 마세요.

사랑하는 내 아들아, 부디 바르고 정직한 사람이 되렴.

여보, 아이들을 잘 부탁해요.

안 돼, 여보!

링컨이 아홉 살 때 어머니는
우유병으로 돌아가셨습니다.
가족들의 슬픔은 그칠 줄
몰랐습니다.

어머니!

어머니, 이렇게 가시면
우린 어떡하라고요!
흐흑……

링컨은 어머니가 보고 싶을 때마다 어머니의 무덤을 찾았습니다.

어머니가 없었다면 저는 평생 학교에도 가지 못했을 거예요.

에이브, 울지 마.

링컨의 성공 열쇠

자유와 평화의 수호자 링컨은 노예 해방 선언이라는 위대한
업적을 이룬 사람이에요. 그가 가난과 역경을 이겨 내고
목표를 향해 나아갈 수 있었던 성공의 비결은 무엇일까요?

에이브러햄 링컨은 미국의 제16대
대통령입니다.

하나 지식의 창고, 독서

링컨은 어릴 때부터 지독한 책벌레였습니다. 책을 사서 읽을
수 없는 형편이어서, 멀리 떨어진 마을까지 책을 빌리러
다니기도 했지요. 링컨은 독서를 통해서 폭넓은 지식을 쌓고,
깨달음과 지혜를 얻을 수 있었습니다. 평생 동안 정규 교육을
받지 않은 링컨이 미국의 대통령이 되어 많은 사람들의 존경을
받을 수 있었던 이유도 바로 '독서의 힘'이었답니다.

책을 통해서 우리는 새로운 정보와 인생을 헤쳐 나갈 풍부한
지식을 얻을 수 있습니다. 책을 읽으면 사고력과 상상력을
기를 수 있고, 무엇보다 바른 가치관을 세울 수 있습니다.

who? 지식사전

《성경》은 링컨이 사랑했던 책 중 하나로,
사진 속의 책은 미국 의회도서관에서
보관하고 있습니다.

링컨에게 영향을 끼친 세 권의 책

링컨은 평생 동안 많은 책을 읽었지만 가장 즐겨 읽고 그에게 엄청난 영향을 준
책은 따로 있습니다. 대표적인 책이 바로 《조지 워싱턴 전기》, 《로빈슨 크루소》,
그리고 《성경》입니다. 링컨은 정규 교육을 받지 못했지만 책을 읽으며 열심히
공부해 변호사가 되었습니다. 그리고 국회 의원을 거쳐 미국의 대통령 자리에도
올랐어요. 그는 힘든 시기마다 무인도에서 살아남기 위해 최선을 다하는 로빈슨
크루소의 열정과 끈기를 떠올리며 어려움을 극복했지요. 또 미국 건국의 아버지로
불리는 조지 워싱턴의 전기를 읽으며 애국심과 책임감을 배웠습니다. 그리고
어린 시절부터 즐겨 읽었던 성경을 통해 희망과 믿음을 얻고 신념대로 일을 해
나갔답니다.

둘 ◀ 뛰어난 연설 능력

링컨은 세련되고 멋드러지게 말을 포장하지는 못했지만, 유쾌하면서도 설득력 있는 말솜씨로 대중을 사로잡았습니다. 특히 "국민의, 국민에 의한, 국민을 위한 정부"라는 문구가 나오는 게티즈버그 연설은 세계의 정치인들이 민주주의에 대해 말할 때 자주 인용할 정도로 유명한 연설입니다. 링컨이 이 연설을 마치는데 2분도 걸리지 않았다고 해요. 짧은 시간이라도 쉬운 언어로 청중에게 다가가는 방법을 잘 알았던 것이지요. 이처럼 링컨의 연설은 주제를 간단명료하게 표현하는 장점이 있었습니다. 링컨이 꾸준한 독서와 글쓰기를 통해 자신의 생각을 정리할 수 있었기 때문입니다.

연설하는 링컨의 모습. 링컨은 설득력 있는 연설을 통해 명성을 얻었습니다.

셋 ◀ 긍정적인 마음가짐

링컨이 가난한 환경 속에서도 독학으로 변호사가 되고 정치계에 진출할 수 있었던 것은 긍정적인 마음가짐 때문이었습니다. 여러 번의 선거에서 낙선을 경험했지만, 링컨은 의기소침하지 않았습니다. 낙선 소식을 들을 때마다 그는 고급 음식점으로 향했습니다. 맛있는 음식을 배불리 먹고, 다음에는 이발소로 가서 머리를 단정히 다듬었죠. 그리고 이렇게 말했답니다. "이제 아무도 나를 실패한 사람으로 보지 않을 거야. 왜냐하면 나는 방금 다시 시작했으니까. 내 발걸음은 곧을 것이고, 목소리는 힘찰 거야. 이제 나는 다시 시작한다. 힘을 내자, 링컨!"

미국 화폐 속의 링컨. 링컨은 미국인이 가장 존경하는 대통령 중 한 명입니다.

이러한 긍정적인 마음가짐은 그가 좌절하지 않고 다시 도전할 수 있도록 만들었고, 결국 그는 미국의 역사상 가장 훌륭한 대통령 중 하나로 남을 수 있었답니다.

넷 최선을 다하는 성실함

링컨은 어떠한 상황에서도 자신에게 주어진 일에 책임을
다하는 성실한 사람이었습니다. 집안 형편이 어려워 학교를
다니지 못해도 불평하지 않고 농사일을 도왔습니다. 청년이
되어 가게를 운영할 때도 그의 성실함은 빛났습니다.
몸이 아파도 결근을 하는 일이 없었고, 맡은 일에 최선을
다했습니다. 다른 사람이 귀찮아 하거나 하기
싫어하는 일도 먼저 나서서 했지요. 링컨의 이런
성실함은 사람들을 감동시켜 그의 가게를 다시 찾게
만들었답니다. 변호사가 되어 남을 변호할 때도
그는 집요하게 증거를 찾아 내어 억울한 사람의
누명을 벗기곤 했습니다. 덕분에 스프링필드에서
유능하다고 소문난 변호사가 되었어요. 대통령이
되어 나라의 일을 할 때도, 링컨은 언제나 최선을
다했습니다. 어떤 위치, 어느 자리에서건 주어진
일을 충실히 해냈지요. 결국 그의 성실한 태도가
밑거름이 되어 위대한 업적을 이룰 수 있었습니다.

미국 러시모어 암벽에 새겨진 대통령 인물상(왼쪽부터
워싱턴, 제퍼슨, 루스벨트, 링컨)

who? 지식사전

링컨 대통령 기념관에 있는 링컨의 동상

링컨이 남긴 명언

"나는 내가 할 수 있는 최선을 다하고 그런 상태를 지속시키려고 한다."

"내가 걷는 길은 험하고 미끄러웠다. 그래서 나는 자꾸만 미끄러지곤 했다. 그러나
나는 곧 기운을 차리고 내 자신에게 말했다. 괜찮아! 길이 약간 미끄럽기는 해도
낭떠러지는 아니야!"

"사람들은 자기가 행복해지려고 결심한 만큼 행복해질 수 있다."

"누구에게도 악의를 품지 말고 모든 사람에게 자비를 베풀라. 적을 없애는 가장
좋은 방법은 적을 당신의 친구로 만드는 것이다."

바르고 곧은 마음

링컨에게는 여러 가지 별명이 있어요. 그중 하나는
'정직한 링컨'이랍니다. 그는 실수를 저지르면 자신의
잘못을 용기 내어 고백했습니다. 그의 정직하고 용기
있는 태도는 많은 사람들로부터 무한한 신뢰를 갖게
했습니다.

또한, 링컨은 차별받던 노예를 평등하게 대하고,
남북 전쟁 중에는 부상당한 병사를 찾아가
그들을 위로하고 용기를 주었어요. 그는 사소한
일에도 정성을 다했고, 모든 사람들에게 친절을
베풀었습니다. 이러한 링컨의 배려는 그를
못마땅하게 생각하던 사람들까지도 변화시켜 결국
링컨을 대통령의 자리까지 오르게 만들었지요.
바른 것을 추구하려는 링컨의 마음은 누구나
가지고 있는 인간의 기본적인 심성이랍니다. 링컨은
이 심성을 잘 지켜서 많은 사람들을 감동시킬 수
있었습니다.

링컨이 살던 집

링컨 박물관 안에 재현되어 있는 링컨 가족의 모습
ⓒ Winonave

미국 최초의 흑인 대통령, 버락 오바마

링컨이 흑인 노예를 해방시키고 그들을 평등하게 대할 것을 주장한지 약 150년
뒤, 미국에서는 최초의 흑인 대통령이 나옵니다. 바로 제44대 미국 대통령이자
퇴임 후에도 국민들의 많은 사랑을 받고 있는 버락 오바마예요. 아프리카인
아버지와 미국인 어머니 사이에서 태어난 오바마는 어린 시절 많은 차별을
받으며 흑인으로서 정체성에 대해 고민하지만, 곧 열심히 공부해서 사회를 위한
일에 적극적으로 참여했어요. 이후 정치에 뛰어든 오바마는 주민들을 위한
일에 앞장섰고, 이러한 노력에 힘입어 2008년 대통령에 당선, 2012년 재선에
성공했습니다. 오바마는 취임식 때 흑인 노예 해방을 위해 앞장선 링컨을 기리는
의미로 링컨이 사용했던 성경을 사용해 선서를 했답니다.

미국 제44대 대통령인 버락 오바마
ⓒ Gage Skidmore

2 책벌레 에이브

어머니가 돌아가신 지 일 년이 지난 어느 날, 아버지가 재혼하여 새어머니를 맞게 되었습니다.

오늘부터 함께 지낼 너희의 새어머니다.

새어머니인 세라 부시 존스턴은 밝고 명랑한 분이셨어요. 링컨 남매에게도 친절하게 대해 주었습니다. 링컨은 새어머니가 무척 마음에 들었습니다.

어서 들어가자꾸나. 오늘 저녁은 맛있는 요리를 해 줄게.

깔끔하고 부지런한 새어머니 덕에 집 안은 금세 깨끗해졌고, 오랜만에 생기가 돌았습니다. 링컨과 세라도 기운을 되찾고 명랑해졌습니다.

책이다!

에이브는 책을 좋아하나 보구나.

글을 읽을 수만 있으면요, 헤헤.

저런, 아직 글을 배우지 못했단 말이니? 당장 학교에 가야겠구나.

아버지께서 싫어하실 거예요.

그런 건 걱정 말고, 공부 열심히 해야 한다!

네, 어머니!

에이브, 아버지께서 허락하셨단다. 내일부터 학교에 다녀도 돼.

정말요? 고맙습니다, 고맙습니다!

링컨은 집에서 3킬로미터나 떨어진 곳에 있는 학교에 다니게 되었습니다. 어린 링컨에게는 먼 거리였지만 글을 배울 수 있다는 생각에 하나도 힘들지 않았습니다.

링컨은 한번 배운 것은 잊어버리지 않는 아이였습니다. 또 호기심이 강해 궁금한 것은 꼭 알아내야만 직성이 풀렸습니다.

휴, 이제 그만
들어가자.

에이브, 식구도 늘고
밭일만으로는 먹고 살기가
힘들 것 같구나. 미안하지만
학교를 그만두고 집안일을
도울 수 있겠니?

네, 그렇게 할게요.
글도 깨우쳤고, 셈도 배웠으니
이제 됐어요.

늘 미안하구나.

아니에요, 아버지.
진작 일을
도왔어야
했는데……

링컨은 공부를 더 하고
싶었지만 내색하지 않았습니다.
그는 자신보다 아버지의 마음을
먼저 헤아리는 착한
아들이었습니다.

공부는 학교에서만
하는 게 아니니까…….

링컨은 농사일을 돕느라 학교에 가지 못한
날이 더 많았습니다. 링컨이 학교를 다닌
기간은 모두 합쳐도 일 년이 채 되지
않았습니다.
그 기간이 그가 대통령이 될 때까지 받은
정규 교육의 전부였습니다.

학교를 그만둔 링컨은 혼자서 공부를
시작했습니다. 책은 그에게
가장 좋은 선생님이었습니다.
밭일을 나가도 쉬는 시간마다
책을 읽었습니다.

읽고 싶은 책은 많았지만 책을 살 돈이
없었던 링컨은 주로 마을 사람들에게
책을 빌려 읽었습니다.

나중에는 마을의 책을 전부 읽고
멀리 떨어진 마을까지 가서
책을 빌려 오기도 했습니다.

벌써 시간이
이렇게 됐네.
이만 자야겠다.

밤늦게까지 책을 읽은 링컨은
밤새 폭풍우가 치는 것도 모른 채
깊은 잠에 빠져들었습니다.

어쩌면 좋아!
빗물에 책이 다
젖어 버렸네.

휴, 아저씨께 사실대로
말씀드리고 용서를
빌자.

처음으로
내 책이 생겼어!
야호!

미국 흑인 노예들의 삶

미국에 정착한 백인들은 넓은 땅을 경작하는 등 부족한 노동력을 채우기 위해 당시 토착민이었던 인디언들을 이용하려 했습니다. 하지만 원주민들은 백인들이 가져온 질병에 매우 취약했고, 자신이 살던 땅을 빼앗으려는 백인에 대한 저항도 강했습니다. 이들은 결국 노예로 삼을 흑인들을 유럽의 국가에서 수입해 오기 시작했습니다. 유럽인은 식민지 주민이었던 아프리카 흑인들을 강제로 잡아 와 물건처럼 팔았습니다.

특히 흑인 노예는 미국 남부에 많이 존재했습니다. 당시 미국의 남부는 농업의 발달로 작물 농장이나 목화 농장에 많은 노동력이 필요했어요. 그래서 값싼 노동력을 얻을 수 있는 흑인 노예가 필요했습니다. 반면 미국의 북부는 공업의 발달로 숙련된 기술을 가진 노동자들이 필요했기 때문에 남부에 비해 상대적으로 노예가 적었답니다.

중세 유럽 노예 시장에서 거래된 노예들. 노예 제도는 아주 오래 전부터 있어 왔습니다.

who? 지식사전

아메리카 대륙의 주인이었던 인디언

아메리카 대륙의 원주민인 인디언

아메리카는 백인들이 건너오기 전부터 토착 세력이었던 인디언(아메리카 원주민)의 땅이었어요. 인디언들은 문명을 발전시키기보다는, 자연과 더불어 살아가고 있었습니다. 백인들은 인디언들을 노예로 삼으려 했지만 쉽지 않았습니다. 인디언들의 저항이 심한 데다, 이주한 백인의 수보다 인디언의 수가 훨씬 많았기 때문이에요. 하지만 백인들이 들어오면서 원래 아메리카에 없었던 새로운 질병도 함께 들어왔습니다. 새로운 질병에 대한 면역력이 없었던 인디언들은 쉽게 병이 들었고, 많은 수가 질병으로 죽기도 했습니다. 이들은 또 백인이 가진 총과 같은 신식 무기와도 상대해야 했습니다.

흑인 노예 제도의 시작

흑인 노예는 훨씬 이전부터 있어 왔지만, 본격적으로 그
수가 많아진 것은 유럽의 식민지 개척 시대로 거슬러
올라갑니다. 15세기에 유럽인들은 필요한 물품을 얻기
위해 아시아로 가는 길을 찾았는데, 그러던 중 아메리카
대륙으로 향하는 길을 발견하게 되었지요. 유럽
사람들은 아메리카 대륙을 식민지로 개척하고 이곳에서
사탕수수나 목화 등을 재배하고자 합니다.

이 넓은 땅을 일굴 일손이 필요하자 유럽 사람들은
아프리카에서 흑인들을 싼값에 사오기 시작합니다.
팔려간 대부분의 흑인들은 평화롭게 살아가다 영문도
모른 채 납치되어 배를 타고 유럽의 식민지까지
끌려갔어요.

아메리카 대륙을 개척하기 위해, 유럽의 백인들은 아프리카의 흑인들을 데려와 노예로 만들었습니다.

흑인 노예를 필요로 하는 곳이 늘어나며 대대적인 '노예
무역'도 본격적으로 시작되었습니다. 노예 시장은 일반적으로
부자들의 필요에 의해 열렸지만 어떤 경우에는 국가가
주도적으로 열기도 했습니다. 국가가 연 노예 시장에서
얻어지는 수익은 나라를 운영하는 데에 쓰였지요.
가장 많은 흑인들을 끌고 와 노예로 팔아넘긴 곳은
아프리카 가나 서남쪽 바닷가에 자리 잡고 있는 작은
도시 케이프코스트입니다. 그곳에는 참혹한 역사의
증거인 '돌아올 수 없는 노예의 성문'이 있답니다.
16~19세기까지 끌려온 흑인 노예는 대부분 포르투갈이나
에스파냐의 식민지였던 남미 지역으로 끌려갔습니다.

팔려 가기 전에 모여 있는 흑인 노예들

둘 **흑인 노예의 노동력 착취**

산업 혁명으로 공장에서 면직물을 빠르게 생산할 수 있게 되자
그 재료가 되는 목화가 많이 필요해졌습니다.

특히 기후가 온화한 미국 남부에는 큰 규모의 농장이 많았는데, 남부의 주요 수출품이었던 면화 농업이 활기를 띠면서 흑인들은 목화 따는 일에 이용됐습니다.

노예 시장은 주로 사람들이 많이 모이는 장소에서 펼쳐졌습니다. 해안가에서는 주로 아프리카에서 강제로 잡혀 온 노예들이 매매됐습니다. 그리고 도심의 광장이나 시장의 한 구석에서 어린 노예나 주인에 의해 팔려 나온 노예들의 경매가 이루어졌습니다.

흑인 노예는 백인을 대신해 힘든 일을 해야 했습니다. 이들은 거친 농사일과 집안일, 온갖 심부름뿐 아니라, 주인의 학대를 견뎌야 했습니다. 그들은 최소한의 음식을 먹으면서 하루 종일 일해야 했고, 주인의 말에 따르지 않으면 채찍질을 당하기도 했습니다. 노예라는 낙인이 찍히기도 했고, 도망가는 것을 방지하기 위해 머리에 기구를 씌우기도 했답니다.

버지니아 대농장 흑인 노예의 삶을 묘사한 그림. 미국 남부에서는 면화 농업을 위해 흑인 노예를 필요로 했습니다.

이들은 인간이 아니라 일종의 재산으로 취급되었습니다. 노예는 사고팔 수 있었고, 담보로 맡길 수 있었으며, 빚을 갚기 위해 돈 대신 줄 수도 있었어요. 시장에서 물건을 사고파는 것과 같이 노예도 경매 시장에서 가장 높은 값을 쳐 주는 사람에게 팔리곤 했습니다.

노예는 재산을 가지거나 글을 배울 수도 없었습니다. 또 인격을 전혀 보장받지 못했기 때문에 법정에서 증인으로 나서거나, 법적으로 혼인 관계를 맺을 수도 없었습니다. 노예 사이에서 얻은 자식 역시 부모가 속한 농장주의 소유가 되었습니다. 흑인 노예들은 인간으로서 최소한의 대우도 받지 못한 채 오랜 시간 동안 고통을 견뎌야 했습니다.

흑인 노예 제도의 비정함을 비판하는 그림. '나는 당신과 형제가 아닌가요?'라는 문구가 마음을 아프게 합니다.

흑인 노예는 적극적으로, 혹은 소극적으로 백인들에게
저항했습니다. 소극적인 저항은 감시가 소홀한 틈을 타
노예 제도가 없는 곳으로 도망을 가는 것이었습니다.
하지만 노예들은 길거리를 다닐 수 있는 통행증이 없어
금방 다시 잡혀 오는 경우가 많았습니다. 게다가 노예를
잡아들이는 전문 사냥꾼이 있어서 도망을 갔어도 마음
편하게 생활할 수 없었습니다.

적극적인 저항은 반란을 일으키는 것이었어요.
18세기부터 남북 전쟁 이전까지 각각 주동자의 이름을
딴 크고 작은 흑인 노예들의 반란이 250여 차례나
있었습니다. 특히 '냇 터너의 반란'에서는, 70여 명의
흑인 노예들이 인근 백인 농장주의 집을 습격해 불을
지르며 60여 명의 백인들을 닥치는 대로 살해했습니다.
백인들은 이 사건에 공포심을 느꼈고, 오히려 흑인 노예를
더욱 철저히 감시하고 억압하게 되었어요.

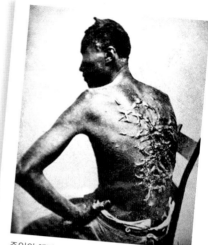

주인의 채찍질로 등에 심각한 흉터를 입고
도망친 흑인 노예. 흑인 노예 중 일부는 탈출을
시도하며 노예 제도에 저항했습니다.

이들의 저항이나 반란이 실패한 이유는 여러
가지이지만, 하나는 오래전부터 이어진 백인들의
흑인 억압 정책 때문입니다. 오랜 기간 강제 노동을 해
온 노예는 자립이 힘들었습니다. 남이 시키는 일에만
익숙해져서 스스로 삶에 대한 계획을 세울 수 없었고,
대부분 공부를 하지 못해서 지식이 적었습니다.

노예 반란이 일어났을 때도 세상 물정에 어두운 노예들은
정부가 무기를 버리고 투항하면 살려 주겠다는 말을
고스란히 믿고 쉽게 투항했어요. 또, 노예들은 군사 분야에
어두워서 반란을 일으키는 것 자체를 두려워했습니다. 그래서
군사력이 월등하고 훈련이 잘된 정부군은 반란을 일으킨
노예를 쉽게 진압할 수 있었습니다.

HORRID MASSACRE IN VIRGINIA.

냇 터너의 반란 사건을 묘사한 그림

3 정직한 청년

어느새 링컨은 어엿한 청년이 되었습니다.

그사이 누나와 여동생들은 결혼을 했고 집에는 부모님과 링컨, 남동생 존만 남게 되었습니다. 여전히 넉넉하지 못한 집안 살림을 돕기 위해 링컨은 돈이 되는 일은 무엇이든 했습니다.

농장에서 과일도 따고, 새로 온 개척자들의 통나무집을 짓는 등 마을의 온갖 허드렛일을 도맡아 했습니다.

그 얘기 아세요?

사형 집행을 앞둔 사형수가 있었대요. 그런데 어느 겨울날, 교도관이 사형수의 소원 한 가지를 들어준다지 뭡니까?

아, 당연히
살려 달라고 했겠지.

그래서? 무슨
소원을 빌었는데?

형님도 참,
살려 달라는 소원은
제외해야지요.

아, 뜸들이지 말고
얼른 얘기나 하게.

그 사형수가 딸기가 먹고
싶다고 하더랍니다.

그 추운 겨울에
딸기를 어디서
구해?

맞습니다. 교도관은 겨울이라
딸기를 구할 수 없다고 했지요.
그랬더니 사형수가 하는 말이
'그럼 착한 내가 봄까지
기다려 주겠소.'
이러더랍니다.

하 하 하

힘든 와중에도 링컨은 항상 유쾌한
사람이었습니다. 특유의 입담과 재치로 같이
일하는 사람들에게 즐거움을 주었습니다.
그의 성실함은 온 마을에 모르는 사람이
없을 정도였습니다.

잘 지내셨어요?

링컨!
오랜만이야.

나야 늘 똑같지.
마침 잘 만났네. 자네
노 저을 줄 알지?

그럼요.

그럼 자네 뱃사공
해 볼 생각 없나?

저야 좋지만,
형님은
어쩌시려고요?

내가 이사를 가거든.
이 일은 자네같이 부지런하고
성실한 사람이 맡아 주면 좋겠어.

그렇다면 제가 해야지요, 하하.

고맙네.

링컨은 사람들이 강을 건널 수 있게 도와주는 일에 보람을 느꼈습니다.

짐이 많네요. 제가 실어 드릴게요. 영차!

번번이 고맙네.

친절하고 책임감 강하고. 참 보기 드문 청년이야!

게다가 어떤 일이든 척척 해내고 또 어찌나 부지런한지!

다 됐습니다.
조심히 가세요,
덴턴 씨.

링컨은 뱃사공을 하며
다양한 사람들을 만났습니다.
그러면서 세상일에도 자연히
관심을 가지게 되었습니다.

진짜 사람을
사고파는 곳이
있다니까!

에이,
자네가
봤어?

어허, 사람 말을
못 믿네? 링컨!
자네는 들어 본 적
있지?

네, 저도 본 적은 없지만
남쪽 사람들이 얘기하는 걸
들었어요.

링컨과 동생 존, 사촌 형 행크스는
상인 덴턴을 따라 배에 물건을 싣고
뉴올리언스로 향했습니다.

뉴올리언스는
어떤 곳인가요?

여기와는 천지 차이지.
아마 넓은 세상을
보게 될 거야.

넓은 세상이라,
왠지 설레는데요?

오늘 밤은 여기서 쉬었다 가세.

네.

존! 오늘은 네 차례다. 졸지 말고 잘 지켜.

네네, 염려 마세요.

오랜 여정으로 링컨 일행은 지칠 대로 지쳐 있었습니다.

형, 어서 노를 저어.

그래.

너는 안으로 들어온 물을 퍼내.

응, 해 볼게.

덴턴 씨, 물건을 좀 버려야겠어요. 일단 무게를 줄여서 시간을 벌어야 해요. 그동안 배를 댈 만한 곳을 찾죠.

그렇게 하세.

이대로는
힘들겠어.

무언가에 걸린 것
같은데…….

걱정 마세요.
제가 고쳐
볼게요.

덴턴 씨,
이제 됐어요!

고맙네.
자네, 정말
대단하구먼!

저런 나쁜 사람들…….

당신 뭐야?

아이한테 이런 짓을 하다니, 당신이 사람이야?

뭐? 이봐, 나는 돈을 주고 노예를 샀어. 주인인 내가 내 것을 어떻게 하건 당신이 무슨 상관인데?

이들은 우리와 같은 사람이란 말이오! 사람은 사고파는 물건이 아니야.

노예는 사람이 아니라 그냥 노예야. 험한 꼴 당하기 전에 썩 꺼져!

이럴 수가!

링컨은 그들이 불쌍해서 견딜 수가 없었습니다. 집으로 돌아온 링컨의 귓가에서는 그들의 울음소리가 맴돌았고, 눈을 감아도 비참하게 죽어간 어린아이의 모습이 떠올랐습니다.

이건 아니야.
이런 끔찍한 일은 더 이상 없어야 해. 잘못된 법은 반드시 바꿔야 해!

1831년, 스물한 살이 된 링컨은 뉴세일럼에 있는 덴턴의 가게에서 일을 시작합니다. 손님들은 항상 겸손한 자세로 정직하게 물건을 파는 링컨을 신뢰하였습니다.

그 무렵,
링컨 가족은 더 좋은 땅을 찾아 일리노이주로 이사를 했습니다. 링컨은 식구들을 따라가지 않고 독립하기로 결심합니다.

그래, 넓은 세상으로 가는 거야!

얼른 돌려드려야겠어요. 다녀올게요.

이 밤중에? 내일 돌려주고 사과해도 늦지 않아. 이봐!

링컨은 비록 적은 돈이었어도 잘못 받은 돈은 돌려주는 것이 옳다고 생각했습니다. 그는 캄캄한 밤에 5킬로미터가 넘는 길을 달렸습니다.

밤늦게 죄송합니다만…….

아니, 총각이 이 밤에 웬일이에요?

오늘 낮에 저희 가게에서 밀가루 사 가셨죠?

그, 그래요.

제가 실수로 거스름돈을 잘못 내드렸어요. 죄송합니다.

어머나! 이걸 주려고 이 밤중에 먼 거리를 온 거예요?

다시는 이런 일 없도록 하겠습니다. 정말 죄송합니다.

고마워요!

결국 거기까지 다녀왔단 말이야?

네, 그리고 빠뜨리고 가신 커피도 가져다 드렸어요.

정말 못 말리겠군.

요즘 실수를 자주 하네요. 정신 바짝 차려야겠어요.

손님이 너무 많아서 그런 거지. 다 자네 덕분이야!

이 일이 알려지고 마을 사람들은 링컨을 칭찬하며 한층 더 신뢰하게 되었습니다. 그 후로 마을 사람들은 링컨을 '정직한 링컨'이라고 불렀습니다.

어서 오세요. 요새 자주 오시네요?

총각 덕분에 이 가게만 온다우.

남북 전쟁과 노예 해방

하나 ▸ 남북 전쟁이 일어나게 된 배경

신문에 실린 노예주와 자유주. 분홍색이 자유주, 회색이 노예주입니다.

1861년 4월, 미국의 남부와 북부가 4년에 걸친 내전을 시작합니다. 이를 남북 전쟁이라고 부릅니다. 전쟁이 일어나게 된 데에는 여러 원인이 있지만, 노예 제도에 대한 남부와 북부의 의견 차이가 가장 큰 이유였습니다. 남부는 노예제를 유지하길 원했고, 북부는 노예제가 폐지되어야 한다고 주장했습니다. 공업이 많이 발달해 있던 북부와 다르게, 남부에서는 농사를 짓기 위해 노예의 값싼 노동력이 필요했기 때문이었지요.

1818년 미국은 노예 제도를 허용하는 노예주가 10개였고, 노예 제도를 금지하는 자유주가 11개였습니다. 그런데 앨라배마주가 노예주로 편입되면서 미국의 노예주와 자유주는 똑같아졌어요. 노예주와 자유주가 대립하는 가운데, 미주리주의 연방 편입 문제가 발생하자 노예주와 자유주는 세력 균형을 유지하기 위해 미주리 협정으로 일단 사건을 해결했지요. 미주리주를 노예주로 편입시키는 대신, 메인주를 자유주로 편입시킨 것이에요. 이렇게 노예주와 자유주로 나뉜 연방 정부는 불안정한 상태를 유지하며 이어졌습니다.

1865년 아메리카 남부 연합의 국기

그러던 중 이들의 대립이 불가피하게 되는 일들이 일어납니다. 1860년 노예 제도를 반대했던 에이브러햄 링컨이 연방 정부의 대통령으로 당선되자 노예 제도를 찬성하는 남부의 7개 주가 연방 정부를 탈퇴합니다. 이들은 아메리카 남부 연합을 세워 노예제를 인정하는 헌법을 제정하고, 제퍼슨 데이비스를 대통령으로 선출했습니다. 그리고 1861년 4월에 남부가 북부를 공격함으로써 남북 전쟁이 시작되었어요.

링컨의 노예 해방 선언문

남북 전쟁 중에 전세가 북부군에게 유리해지자 링컨은
노예 해방 예비 선언을 발표해요. 1862년 9월 22일,
남부군이 항복하고 연방 정부에 복귀할 것을 요구하며,
이에 응하지 않으면 노예를 해방하겠다고 선언했어요.
하지만 남부군이 링컨의 요구에 응하지 않자 결국 1863년
1월 1일에 노예 해방 선언문을 정식으로 발표했답니다.
노예 해방 선언문의 내용은 세 가지로 요약할 수
있어요. 첫째는 노예주(남부)의 노예를 전부 해방한다는
것이었습니다. 둘째로는 해방된 흑인은 자기 방어의
경우가 아니라면 폭력 행위를 하지 말고 충실히 일할
것을 권유합니다. 셋째는 흑인에게 연방
군대에 입대할 기회를 준다는 것이었습니다.
전쟁 당시에는 흑인들이 남부군에서 이탈하여
북부군으로 오게 해서 남부군의 사기를
떨어뜨리겠다는 전략적 의도를 가지고
있었지만, 실질적으로도 흑인에게도 동등한
기회를 주기 위한 평등사상을 바탕으로 하고
있었습니다.

노예 해방을 위해 애쓴 링컨을 기념하는 동상

노예 해방 선언서를 낭독하는 링컨(왼쪽에서 세 번째)

who? 지식사전

드레드 스콧과 남북 전쟁

드레드 스콧은 남부 출신 존 에머슨의 흑인 노예였어요. 드레드 스콧은 에머슨을 따라 남부에서 북부로 이동하게 되었는데,
이때 스콧은 노예에서 해방되어 자유인이 되었습니다. 나중에 에머슨의 재산 상속 문제가 불거지자, 스콧은 일리노이주에서
이미 노예 신분을 벗어났으니 자유를 인정해 달라고 요청합니다. 하지만 당시 대법원 판사들은 노예 제도를 찬성하는 남부
출신이 많아서 드레드 스콧의 판결에서 흑인은 미국 시민이 아니며 미주리 협정은 위헌이라고 판결해요. 이러한 불공정한
판결은 흑인 노예 제도에 대한 관심을 불러일으키며 남북 전쟁을 촉발하는 또 다른 계기가 되었어요. 드레드 스콧은
법적으로는 미국 시민의 지위를 얻지 못했지만, 결국 주인으로부터 해방되었습니다.

1863년에 발표된 노예 해방 선언은 2년 뒤인 1865년 12월 18일에야 헌법 13조를 수정하면서 비로소 실현되었어요. 수정 헌법 13조 제1항에서는 처벌과 같은 경우가 아니라면, 미국이나 미국 관할 내의 어떤 장소에서도 노예 제도나 강제 노동이 없어야 한다고 말하고 있습니다.

노예 해방 선언문. 남북 전쟁 중에 발표되었습니다.

셋 ▶ 남북 전쟁의 결과

1861년 남부군이 북부를 공격하며 시작된 내란은 북부에게 유리했습니다. 당시의 군사력으로만 보아도 북부군이 남부군보다 훨씬 월등했기 때문입니다. 북부는 남부 9백만의 인구보다 2배 이상이 많은 2천 2백만의 인구를 가지고 있었고, 공업의 발달로 공업 생산력과 해군력을 보유하고 있었어요. 하지만 북부 역시 전쟁 초기에는 고전을 면치 못했습니다. 전쟁에 대한 대비가 이뤄지지 않은 상황이라 훈련된 병사나 신식 무기가 적었기 때문입니다. 남북 전쟁에서 북부군이 본격적으로 우위를 점하기 시작한 것은 1863년 7월 1일에 벌어진 게티즈버그에서의 전투부터입니다. 이곳에서의 격전으로 남부는 전체 병력의 3분의 1을 잃었습니다.

게티즈버그 전투를 묘사한 그림

북부도 2만 3천여 명이라는 엄청난 숫자의 병사를 잃었지요. 3일 동안 벌어진 게티즈버그 전투는 남북 전쟁 중 가장 중요한 전투라 할 수 있어요. 북부를 이끈 조지 미드 장군은 남부의 공격을 격퇴해 남부의 승리 의지를 꺾었어요. 이 전투 이후 죽은 병사들을 추모하고, 전쟁의 의미를 되새기고자 링컨은 이곳에 국립 묘지를 세우고, 역사에 남을 연설을 했답니다. 1865년까지 4년간 벌인 남북 전쟁은 북부군의 승리로 돌아가게 됩니다.

남부군이 패한 원인에는 전쟁 초반 그들의 기대와는 다르게 다른 나라의 도움을 받지 못한 점도 있어요. 군사력이 약한 남부군은 영국에게 군사 원조를 요청하고 유럽 열강의 도움을

받으려 했습니다. 하지만 당시는 세계적으로 노예 제도
자체에 대한 인식이 매우 좋지 않았고, 영국은 남부를 도울
명분이 없어 이를 거절합니다.
또한, 북부는 남부의 해상 무역로를 봉쇄하였는데,
목화 수출이 주요 수출품이던 남부의 경제에 큰
타격이 되었을 뿐 아니라, 목화를 교역하던 유럽
여러 나라의 협력을 얻는 것도 어렵게 되었습니다.
이런 나라 안팎의 상황은 남부군 측에 더욱 불리하게
작용했습니다.
하지만 북부의 승리는 흑인 노예에게는 매우
다행스러운 일이었습니다. 북부가 승리하자 남부에
있던 흑인들은 미국 시민권과 인권을 인정받게
되었거든요. 1865년 4월 9일 남부군의 항복으로 전쟁은
종결되었습니다. 전쟁 중이었던 1863년 노예 해방이
선언되었고, 남북 전쟁이 끝난 후 1865년 12월 18일
미국에서는 헌법 개정안을 통해 노예 제도 폐지를
공식화했습니다. 현재 노예 제도는 전 세계적으로 금지되어
있답니다.

남북 전쟁을 재연하고 있습니다.

who? 지식사전

도망 노예 송환법

1793년에는 도망간 노예를 체포하여 원래의 주로 돌려보내도록 하는 법률이 있었습니다.
이 법은 도망 노예라 지목된 사람의 신분을 연방 지방 법원 판사나 순회 재판소 판사, 혹은
주 행정관이 마음대로 결정한다는 내용으로, 1850년에도 2차례나 미국 의회를 통과한
법이랍니다. 이 법에 의하면 도망 노예뿐만 아니라 노예를 도망가게 도와준 사람도 처벌할 수
있었어요.
도망 노예 송환법이 시행되자 북부 주는 거세게 반발했어요. 이 법은 백인들에게도 불만을 사서
일부 백인들은 오히려 흑인 노예들을 도망갈 수 있도록 도와주었답니다. 결국 남북 전쟁 중인
1864년 7월 28일에 폐지되었어요.

도망간 노예를 찾아 주면 보상
하겠다는 내용의 전단

4 정치계로 뛰어들다

사람들은 링컨에게 주 의회 의원으로 출마해 보라고 권유했습니다. 처음엔 망설이던 링컨도 차츰 도전해 보고 싶은 마음이 생겨났습니다.

내가 주 의원이 될 자격이 있을까? 하지만 우리 주 사람들을 위해 의미 있는 일을 하고 싶어!

결심을 굳힌 링컨은 1832년, 주 의회 의원 선거에 출마합니다.

Abraham Lincoln

저는 지금도 가게의 점원입니다.

부자도 아니고, 많이 배우지도 못했습니다. 하지만 우리 지역을 위해 열심히 일하는 참된 일꾼이 되고자 합니다.

그가 선거 운동에 한창일 즈음,
아메리카 원주민이 일리노이주를 되찾고자
전쟁을 일으켰습니다. 그들을 막기 위해
주지사는 시민 군대를 모집했습니다.
링컨은 군에 지원하여 주를 위해 싸웠습니다.
그러나 그 바람에 선거 운동에 힘쓸 겨를이
없었습니다.

군에서 돌아온 링컨은 할 일이
없었습니다. 주 의원 선거에서
떨어지고 덴턴의 가게도 문을 닫아
일자리도 없어졌기 때문입니다.

쯧쯧, 빚만 지고 그대로
도망쳤다던데.

안녕하세요.
잘 계셨어요?

그러게 말일세.
덴턴이 그럴 줄
누가 알았겠어.

어이, 링컨!
오랜만이야.

지난번 선거는 유감이네.
덴턴까지 도망치고······.
마음고생 많았지?

하하, 저 같은 풋내기를 누가 뽑아 주겠어요. 그래도 좋은 경험했죠.

링컨답구만. 그래, 요새는 뭘 하고 지내나?

여기저기 일자리를 알아보는 중이에요. 그런데 쉽지가 않네요.

자네가 가게를 차리는 건 어때?

저한테 그럴 여유가 있어야 말이죠.

얼마 후 링컨은 친구 윌리엄과 함께 잡화 상점을 차립니다. 비록 조그만 곳이었지만 두 사람은 열심히 일했고, 가게는 날로 번창했습니다.

감사합니다, 안녕히 가세요.

나야 고맙지. 그럼 수고해.

후후, 간만에 진탕 마실 수 있겠군.

저 친구 또 술을 찾기 시작하네. 큰일이야.

그 무렵 링컨은 마을의 우체국장에 임명되었습니다. 우체국의 직원은 국장인 링컨뿐이었기 때문에 편지 접수는 물론 배달까지도 직접 해야 했습니다.

할머니, 크리프 할머니!

손자분이 편지를 보내셨어요. 많이 기다리셨죠?

아니야, 자네가 국장이 된 다음부터는 편지가 빨리 와서 훨씬 좋은걸?

하하, 제가 읽어 드릴까요?

그래.

사람들은 링컨이 우체국장으로 일하는 것에 만족했습니다. 링컨에 대한 신망은 더욱 두터워졌습니다.

하지만 링컨이 가게를 비우는 날이 많아지자 윌리엄은 걸핏하면 술을 마시고 게으름을 피웠고 손님은 차츰 줄어들었습니다.

윌리엄, 혼자서 고생했지? 미안해.

결국 가게는 망해 버리고 두 사람에게는 천 달러의 빚만이 남았습니다. 게다가 윌리엄이 사고로 죽자 그 빚은 고스란히 링컨의 몫이 되었습니다.

내 돈 떼먹고 도망가려고?

자네를 믿었는데, 사람을 잘못 봤구먼!

죄송합니다.

죄송하다면 다야? 어서 돈이나 내놔.

시간을 주시면 일을 해서 조금씩 갚겠습니다. 무슨 일이 있어도 꼭 갚겠습니다.

그 말을 어떻게 믿어? 다른 놈들처럼 도망치려는 거 아냐?

흥! 어느 세월에 그 빚을 다 갚겠다는 거야?

이제 아무도 날
믿어 주지 않는구나.

남은 물건이라도
챙겨 갑시다!

도망갈 생각은
하지 않는 게
좋을 거야.

당시에는 사업이 망하면 다른 지역으로
도망가는 사람들이 많았습니다.
빚을 진 지역을 벗어나면 더 이상 빚을 갚지
않아도 되었기 때문입니다. 사람들은 링컨도
다른 사업가들처럼 도망칠 것이라 생각했습니다.
당시 천 달러라는 돈은 평생 동안 일을 해도
벌기 어려운 큰돈이었기 때문입니다.

링컨은 비겁하게 도망치지 않고 뉴세일럼에 남아 빚을
갚기 위해 닥치는 대로 일했습니다. 돈을 갚으라고
독촉하던 사람들도 열심히 일하는 그의 모습에 마음이
누그러졌습니다. 이 일로 사람들은 링컨의 성실함을
다시 깨닫게 되었습니다.

그래, 열심히 하면
언젠가는 다 갚을 수
있을 거야.

어디 시작해 볼까?

그리고 1834년에 링컨은 2년 전보다 훨씬 유리한 입장으로 주 의원 선거에 출마합니다.

링컨은 선거 운동을 할 수 있는 돈이 없었습니다. 대신 그는 유권자들을 찾아 직접 발로 뛰었습니다. 사람들이 있는 곳이면 어디라도 달려가 만나고 자신의 생각을 알렸습니다.

힘없고 돈 없는 사람들이 살기 좋은 세상을 만들겠습니다.

젊은 양반이 그런 세상을 어떻게 만든단 말이오?

우린 바쁘니까 헛소리 집어치우고 썩 꺼지시오.

저는 여러분의 마음을 누구보다도 이해합니다.

저는 걸음마보다 농사일을 먼저 배웠습니다.

하하하

말씀드렸다시피 저는 여러분의 마음을 잘 압니다. 바라시는 의원의 자격이 이런 것이라면 제가 적격이지 않습니까?

어린 친구의 솜씨가 제법일세.

무례했다면 미안하오, 우리가 말이 좀 거칠어서. 내 꼭 뽑아 드리리다.

감사합니다.

어허, 그냥 가시게?

예?

바쁜 일 없으면 좀 도와주고 가.

지금 막 도와드리려던 참이었습니다, 하하하.

하하하

링컨의 참모습을 알게 된 사람들은
그에게 지지를 보냈습니다.
1834년 11월, 마침내 링컨은
주 의원에 당선되었습니다.

여러분, 고맙습니다.
열심히 하겠습니다!

축하드립니다,
의원님!

링컨 의원 만세!

주 의원이 된 후 링컨은 정치를
잘하려면 법에 대해서도 잘 알아야
한다는 것을 깨닫습니다.
그는 같은 주 의원인 스튜어트의
도움을 받아 법을 공부하기
시작합니다.

이건 부당한 처사
아닙니까?

그래서 정치를 하려면
법률 지식이 많아야 한다네.

법에 대해서
공부해야겠어요.

그래, 자네도 이번
기회에 열심히 공부해서
변호사 시험을 치르게.
내가 돕겠네.

네, 열심히
하겠습니다.

1836년, 변호사 시험에 합격한 링컨은 스프링필드로 옮겨 스튜어트와 변호사 일을 시작합니다.

수습 변호사지만 자네가 할 일이 많을 걸세.

네, 잘 부탁드립니다.

변호사가 된 링컨은 억울한 일을 당한 사람들의 편에 서서 변호를 했습니다. 그리고 자신의 신념과 어긋나는 일은 절대 맡지 않았습니다.

문서는 가져오셨나요?

여기 부동산 서류와 착수금 200달러입니다.

일단 살펴보겠습니다.

죄송합니다만, 부인께서는 이 땅에 대한 소유권이 없습니다. 소송을 건다면 질 수밖에 없기 때문에 부인의 손해만 클 뿐입니다. 솔직히 양심상 소송을 권하지 못하겠습니다.

만족스럽지 못한 답변이라면 죄송합니다.

아니에요. 다른 곳에서는 무조건 소송을 걸라고 했었는데, 솔직하게 말씀해 주셔서 감사합니다.

부인, 이 돈은 가져가세요.

아니에요. 상담료는 받으셔야죠.

제가 할 일을 했을 뿐이고, 소송을 맡지도 않았으니 돈을 받을 순 없습니다.

어머나!

링컨은 정직하고 성실한 변호사로 유명해졌습니다. 맡은 사건도 능숙하게 처리하여 스프링필드에서는 그의 이름을 모르는 사람이 없을 정도였습니다.

변호사님, 감사합니다. 정말 감사합니다.

제가 인사를 받을 이유가 없습니다. 죄가 없어서 당연히 풀려나신 거니까요.

감사합니다.

수고했네.

네, 그럼 전 이만 들어가 보겠습니다.

어딜 가! 오늘 나랑 갈 곳이 있지 않나?

싫어요오오

스프링필드의 젊은이들이
모인 사교 모임에서 링컨과
메리 토드는 서로 첫눈에
반했습니다.

부유한 가정에서 정규 교육을 받으며
자란 메리 토드와 가난한 집안에서
혼자 힘으로 살아온 링컨은 여러 면에서
많이 달랐습니다.

하지만 금세 사랑에 빠진 둘은
결혼을 약속합니다.

집안의 완강한 반대가
있었지만 1842년,
링컨과 메리 토드는 마침내
결혼하여 가정을 꾸립니다.

노예 해방 이후 흑인의 삶

미국의 노예 해방은 초기에는 실질적으로 이루어졌다기보다는
형식적인 것이었습니다. 노예 제도 폐지로 흑인 노예들은
자유의 몸이 되었지만 생계에 필요한 수단을 마련해 주지
않아 다시 옛 주인의 아래에서 적은 임금을 받고 농장
일꾼으로 일해야 하는 경우가 많았어요. 경제력이 없고
교육도 받지 못하여 먹고살 길이 막막했던 흑인들은
소작인으로 일하거나 단순 노동으로 살 수밖에 없었어요.
게다가 미국의 남부에서는 여전히 노예 취급을 당했고
심한 차별을 받기도 했답니다.

'짐 크로'는 공연에서 어리석은 모습을 한 흑인 인
물입니다. 인종 차별법을 대표하는 말로 사용되었
습니다. ⓒ Edward Williams Clay

하나 　인종 차별적인 법

노예 제도가 폐지된 후에도 이에 반발하는 남부의
몇몇 주에서는 새로운 법을 만들어 흑인을 억압하기
시작했습니다. 19세기 말 남부에서는 흑인 단속법이나
짐 크로 법 같이 흑인과 백인 간의 접촉을 차단하는
법이 만들어졌어요. 흑인 단속법은 흑인의 투표권과 재산

who? 지식사전

KKK단은 남북 전쟁 직후 등장한 백인 우월
주의 단체입니다.

KKK단

남북 전쟁이 끝난 뒤, 전쟁에서 진 남부의 일부 백인들은 노예 신분이었던 흑인이
자신과 같은 지위를 부여받았다는 사실에 분개했습니다. 여기에 해방된 흑인들이
정치에 참여할 수 있도록 하는 움직임이 일어나자, 자신들의 권리나 권위가 떨어질
것을 걱정한 이들은 흑인뿐 아니라 백인을 제외한 인종과 소수자를 배척하는
단체를 만듭니다. 이것이 바로 쿠 클럭스 클랜, 줄여서 KKK단이에요. 이들은
다른 인종에 대한 증오를 드러내며 매우 극단적인 활동을 이어갔습니다. 흑인
인권운동가에게 폭행을 가하거나 잔인하게 살해하기까지 했어요. 결국 이들의
폭력적인 행동은 미국 경찰의 감시를 받고 점차 세력을 잃게 되었습니다.

소유권, 자유로운 직업 선택을 가로막는 법이었습니다.
이 법은 백인과 흑인의 결혼까지도 금지했습니다.
1876년 제정된 짐 크로 법은 옛 남부 연합에 있는 모든
공공기관에서 백인과 흑인을 분리하는 규정이었어요.
주거지나 학교뿐 아니라 버스, 심지어 물을 마시는
장소까지 흑인과 백인을 나누었습니다. 백인들은
이는 '분리'이지 '차별'이 아니라며 비난을 피하려
했습니다. 하지만 흑인들은 모든 면에서 백인보다
열등한 대우를 받아야 했습니다. 흑인들은 차별을
없애기 위해 저항 운동을 벌였지만 흑인에 대한 차별 의식은
뿌리 깊게 자리 잡아, 차별법이 폐지된 이후에도 인종 차별
문제로 이어졌습니다.

유색 인종이 쓸 수 있는 식수대에서 물을 마시는 흑인의 모습. 노예 제도는 폐지되었지만 많은 곳에서 차별이 계속되었습니다. ⓒ Russell Lee

둘 법적으로 흑인의 지위를 높이기 위한 노력

흑인의 권리를 인정하지 않고 인종 차별적인
법이 만들어지는 동안, 한편으로는 이에 반발하는
움직임도 계속되었습니다. 남북 전쟁이 북부의
승리로 끝난 직후, 해방된 노예들의 삶을 돕기
위해서 정부는 이들을 위한 학교나 병원을 세우거나
경제적인 지원을 주었습니다.
특히 남부가 전쟁에서 진 이후에도 좀처럼 흑인의
지위를 인정하지 않으려 하자, 이에 반발해 의회는
1868년 헌법 수정조항 제14조를 통과시킵니다. 이
조항은 미국 시민을 정의내리는 동시에, 흑인의
시민권을 인정하는 내용을 담고 있습니다. 이어서
진보적인 북부의 의원들은 1869년에는 흑인의
투표권을 발의하였고, 1870년에 수정 헌법을 통과시켰답니다.
이제 흑인도 피부색과 상관없이 법적으로 투표할 권리가
주어진 것이죠.

남북 전쟁이 끝난 뒤, 자유를 찾은 흑인들이 투표권을 행사하는 모습

하지만 투표권은 남성들만 가질 수 있었는데, 당시에는 백인 여성도 투표권을 가지지 못했기 때문입니다. 이후 헌법이 수정되어서 1920년 대통령 선거에서부터는 여성도 투표할 수 있게 되었습니다.

1964년, 린던 존슨 대통령이 당선되면서 미국에서 1964년의 민권법이 제정되었습니다. 이 법으로 인종, 민족, 남녀나 종교 등을 기준으로 사람을 차별하는 것이 모두 금지되었고, 이로 인해 법적으로 흑인을 평등하게 대해야 한다는 점이 보장되었습니다. 1880년대부터 이어져 온 짐 크로 법 역시 철폐되었습니다.

1964년 민권법에 서명하는 린던 존슨 대통령. 이후 흑인을 차별하는 것이 법적으로 금지되었습니다.
© Cecil Stoughton, WHPO

셋 흑인들의 노력

흑인 역시 차별을 없애기 위해 저항 운동을 벌였습니다. 1951년, 올리버 브라운이라는 흑인은 자신의 딸이 백인이 아니라는 이유로 집 가까운 곳에 있는 학교에 갈 수 없다는 것이 부당하다며 소송을 제기합니다. 3년이라는 긴 소송 끝에 결국 학교에서 백인과 유색 인종을 분리하는 것은 헌법에 위배된다는 판결이 나지요.

판결이 난 이듬해 몽고메리에서는 로자 파크스라는 흑인 여성이 백인에게 자리를 양보하지 않아 체포되는 사건이 일어납니다. 당시 버스에서는 흑인과 백인용 좌석이 분리되어 있었는데, 백인이 앉을 자리가 부족하자 버스 기사가 파크스가 앉아 있던 자리를 백인 전용 좌석으로 바꾸었기 때문입니다. 이에 반발한 흑인들은 버스 승차 거부 운동을 벌이게 되었습니다. 수많은 흑인들이 걸어 다니거나 자동차를 함께 타며 버스 승차 거부 운동을 이어갔습니다.

이때 이 운동을 이끈 사람이 바로 훗날 흑인 인권 운동의 지도자가 되는 마틴 루서 킹 목사랍니다. 결국 1956년, 미국 연방 대법원에서 버스에서 인종을 분리하는 행위도

로자 파크스는 버스에서 백인에게 자리를 양보하지 않아 체포되었습니다.

위헌이라는 판결을 내립니다.

몇몇 흑인들로부터 시작된 저항은 점차 많은 이에게
영향을 미쳤고, 미국 전역에서 인종 차별이 폐지될 수
있도록 했습니다. 공립학교에서 인종 분리를 금지한
'브라운 판결'이 난지 3년이 지난 1957년, 남부 아칸소주의
리틀록이라는 곳에서 9명의 흑인 학생들이 백인 학생들만
다니던 고등학교에 입학하고자 합니다. 하지만 주지사가
주 방위군(주의 치안 유지나 재해 구난을 위한 군대)을
동원하여 이들이 등교하는 것을 막아섰고, 많은 백인
인종 차별주의자가 학교에 몰려들어 학생들을 모욕하고
위협했습니다. 보다 못한 미국 대통령은 주 방위군을
연방 군대에 편입해버리고, 군대를 투입해서 9명이 안전하게
등교하도록 하지요. 온갖 위협을 받으면서도 꿋꿋이 학교에
간 이 학생들을 '리틀록 나인'이라고 부른답니다. 이들은
미국의 첫 흑인 대통령 오바마가 취임하는 자리에
초대되기도 했습니다.

안전을 위해 군인의 호위를 받으며 등교하는 리틀록 나인의
모습 ⓒ US Army

넷 보이지 않는 차별

노예 해방이 선언된 지 150년이 지났고, 미국 전역에서
인종 차별적인 '분리법'은 철폐되었습니다. 하지만
인종을 차별하는 문화는 여전히 곳곳에 남아있습니다.
흑인을 비롯해 미국에 이민 가서 정착한 동양인,
히스패닉과 원래부터 미국 땅에 살고 있었던 아메리카
원주민도 차별받곤 해요. 이들은 학교나 직장에서
알게 모르게 무시당하거나, 좋은 학교에 가거나 일자리를
얻을 기회를 박탈당하기도 합니다. 사실 피부색으로 사람을
차별한다는 인종 차별은 비단 미국만의 일이 아닙니다. 때문에
유엔(국제 연합)에서는 이 문제의 심각성을 알리기 위해 매년
3월 21일을 국제 인종 차별 철폐의 날로 지정했답니다.

인종 차별주의자의 모욕과 위협에도 굴하지 않았던 아홉
명의 흑인 학생을 기리기 위한 동상 ⓒ Cliff

5 통나무집에서 백악관으로

10년간 변호사로서 명성을 쌓은 링컨은 1846년, 하원 의원에 당선되어 워싱턴으로 진출합니다. 그해에 둘째 아이도 태어났습니다. 첫 아들 로버트가 태어난 지 3년 만의 일이었습니다. 링컨과 가족들의 기쁨은 이루 말할 수 없었습니다.

보세요, 당신을 쏙 빼닮은 사내아이에요.

메리, 정말 고맙소.

아! 아이 이름은 에드워드 베이커로 합시다.

에드워드 베이커?

하하, 내가 좋아하는 의원님 이름을 땄소.

멋있는 이름이네요. 에드워드 베이커 링컨!

쭈글쭈글 못생겼어. 바람 빠진 풍선 같아!

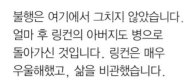
불행은 여기에서 그치지 않았습니다. 얼마 후 링컨의 아버지도 병으로 돌아가신 것입니다. 링컨은 매우 우울해했고, 삶을 비관했습니다.

여보, 언제까지 이럴 거예요?

당신은 할 일이 있잖아요. 당신이 하고 싶어 했던 일 말이에요!

그까짓 게 다 무슨 소용이에요? 이제 나랑은 상관없어요.

여보! 뉴올리언스에서 봤다던 흑인 소녀를 잊었나요? 세상에서 가장 슬픈 표정으로 그들에게 자유를 찾아 주겠다고 다짐하던 사람이 바로 내 남편 링컨이었다고요!

하지만 1854년, 다시는 정치에 끼어들지
않겠다는 링컨의 생각을 바꾸는
엄청난 일이 일어났습니다.

1820년부터 미국에는 미주리주를 경계로
남부에서는 노예 제도를 허용하고, 북부에서는
노예 제도를 금지한다는 '미주리 협정'이
있었습니다. 하지만 1854년 의회는 이 협정을
폐기했습니다.

링컨은 미주리 협정을 폐기하는 데에
앞장섰던 스티븐 더글러스에게 매우
분노했습니다. 그는 더글러스의 상대편으로
연방 상원 의원 선거에 출마합니다.

저는 노예들을
해방시켜 그들의
고향으로 돌려보낼
것입니다.

노예 제도는
인간의 이기심이
낳은 산물입니다.

우리는 이 잘못된 제도를
결코 용납해서는 안 되며
노예 제도를 묵인하려는 사람들도
용서해서는 안 됩니다.

많은 사람들이 링컨의 말에 귀 기울였지만
링컨은 연방 상원 의원 선거에서
민주당의 더글러스에게 패하고 맙니다.

실망하지 말아요.
당신은 훌륭했어요.

하하, 난 괜찮소.
사람들이 내 얘길
들어 준 것만으로
충분해요.

하지만 링컨은 실망하지 않았습니다.
많은 사람들에게 노예 제도의 부당함을
알린 것으로 만족했습니다. 그리고
1858년, 다시 상원 의원 선거에 나섭니다.

독립 선언서에 명시된 '시민'은
백인을 가리킵니다.
흑인은 백인과 동등한
존재가 될 수 없습니다.

독립 선언서에는
'모든 인간은 동등하다'라고
명시되어 있습니다. 따라서
백인만이 시민이라는 것은
논리에 맞지 않습니다!

링컨은 더글러스가 연설하는 곳마다 찾아가
반박했습니다. 이 일은 '링컨-더글러스의 토론'이라
불리며 많은 사람들의 입에 오르내렸고
두 사람의 연설이 있는 날이면 많은 청중들이
몰려들었습니다.

우리는 피부색이 다릅니다.
그렇지만 자신의 노력으로
구한 빵을 먹을 권리에
있어서는

이 자리에 있는
더글러스이든 누구든 간에
모든 사람들은
똑같은 권리를 가지고
있습니다!

와아아

짝짝

링컨의 뜻에 동조하는 사람들은 점점 늘어났고,
링컨을 모르는 사람이 없을 정도로
링컨은 유명해졌습니다.

하지만 선거에서
근소한 차이로
더글러스에게 또 지고
말았습니다. 링컨은
절망했습니다.

저에게는 정치가 맞지 않나 봅니다.

벌써 포기하는 건가? 안 되네. 우리는 내년 대통령 선거 후보로 자네를 생각하고 있다고.

저는 그럴 만한 재목이 아닙니다.

무슨 소리! 많은 국민이 자네를 진심으로 지지하고 있지 않은가!

오늘의 결과를 보고도 그런 말씀을 하십니까? 저는 이만 빠지겠습니다.

안 됩니다, 의원님. 계속 맞서 싸워야 합니다.

인간의 기본적인 권리를 찾는 투쟁인데 고작 한두 번의 실패로 포기하다니요!

그렇습니다, 정의는 반드시 승리한다는 것을 보여 줘야 합니다.

정의는 반드시 승리한다고? 벌써 이게 몇 번째 실패인지도 모르겠소.

내가 이런 사람들을 두고
무슨 생각을 했단 말인가.
그래. 백 번, 천 번을 실패한다 해도
포기하지 않겠어!

스티븐 더글러스와의 토론으로 명성을
얻은 링컨은 1860년, 공화당의 대통령
후보로 지명되어 다시 더글러스와
맞붙게 되었습니다.

어느 날, 링컨은
열한 살 소녀에게서
편지를 한 통
받았습니다.

흑인을 위해 싸운 사람들

하나 〈 **작가 해리엇 비처 스토**

해리엇 비처 스토(1811~1896년)는 미국의 여성
작가입니다. 《톰 아저씨의 오두막》이라는 소설을 통해 흑인
노예의 삶을 알리고, 노예 제도의 잔인함을 비판했습니다.
해리엇 비처 스토는 미국 코네티컷주의 리치필드에서
목사의 딸로 태어났어요. 특히 아버지 리만 비처는
유명한 신학자로서 노예 제도 폐지를 주장한 인물이지요.
아버지의 영향을 많이 받은 스토는 우연히 들른
켄터키주에서 노예들의 참혹한 모습을 보고 충격을
받게 돼요. 이 일로 그녀는 노예 제도가 얼마나 잘못된
것인지를 깨닫고 《톰 아저씨의 오두막》을 집필하게
되었습니다. 이 소설은 당시 엄청난 반향을 일으키며
논란거리가 되었고, 링컨 역시 이 소설을 감명 깊게
읽고 노예 해방에 대한 의지를 더욱 굳혔다고 합니다.

노예를 감시하고 있는 백인. 해리엇 비처 스토는
소설을 통해 노예 제도의 잔인함을 알렸습니다.

who? 지식사전

1852년 출판한 《톰 아저
씨의 오두막》의 표지

남북 전쟁과 《톰 아저씨의 오두막》

《톰 아저씨의 오두막》은 착하고 성실한 흑인 노예의 이야기입니다. 톰은 마음씨 좋은 주인
밑에서 일을 하며 주인집 아들과도 우정을 쌓아갔지만, 주인이 경제적으로 어려워지자 어쩔 수
없이 여기저기 팔려 다니게 되지요. 톰 아저씨는 결국 잔인하고 못된 주인에게 팔려가 모질게
학대를 당합니다. 이전 주인집 아들은 어른이 되어 톰 아저씨를 찾아갔지만, 그를 구하기에
때는 이미 늦었습니다. 노예 제도의 비참함을 깨닫게 된 주인집 아들은 자기 집의 노예를 모두
해방시킵니다.
이 책을 읽은 많은 사람들이 톰 아저씨의 처지에 공감하면서 노예 제도를 반대하는 일에
앞장서게 되었습니다. 때문에 링컨 대통령은 이 작품이 남북 전쟁과 노예 해방에 큰 영향을
미쳤다고 평가하기도 했답니다.

둘 **노예제 폐지 운동가, '존 브라운'**

존 브라운(1800~1859년)은 급진적인 노예 해방
운동가예요. 노예 제도 폐지론자의 가장 대표적인 인물이라
할 수 있어요.

원래 존은 정식 교육을 받지 못한 수줍음이 많은
소년이었는데, 열두 살 때 흑인 노예 소년이 학대당하는
것을 보고 노예를 해방시키는 데 평생을 바치겠다고
결심했답니다.

1850년대에 그는 흑인들을 모아 단체를 조직하고, 도망 나온
남부 노예들을 보호하는 데 앞장섰습니다.

존 브라운은 군사력을 갖추고 남부 전역에 노예 반란을
일으켜 자유를 얻은 흑인들의 주를 만들고자 했습니다.

1859년 10월 16일, 브라운은 연방 정부의 무기를 넣어
두는 창고에 진입하여 이곳을 점령하였습니다. 하지만
곧바로 정부군이 투입되면서 일은 실패로 끝이 났고,
존 브라운은 반역죄로 교수형에 처해졌습니다. 하지만
그의 행동은 많은 노예 폐지론자들에게 저항의 상징으로
받아들여졌답니다.

1859년 불타고 있는 존 브라운의 집

처형장으로 가는 존 브라운

존 브라운을 도운 숨은 공로자, 해리엇 터브먼

해리엇 터브먼(1820~1913년)은 본래 남부에서 흑인 노예로 살아가던 여성이었습니다.
가혹한 노예 생활에 지쳐 결국 북부로 탈출했어요. 이후 열심히 일해 모은 돈으로 남부에 있는
흑인 노예들이 탈출하는 것을 돕는 일을 했습니다. 존 브라운이 활동하던 당시에는 그를 도와
펜실베이니아, 메릴랜드, 델라웨어의 주 경계 자원에 대한 정보를 제공하고 브라운이 노예 해방을
위한 계획을 짜는 데 상당한 도움을 주었어요.

존 브라운이 사형당하자 터브먼은 "그의 죽음은 살아 있는 100명의 사람보다 더 많은 일을 한
것이다."라고 말했다고 해요.

해리엇 터브먼

링컨 기념관 앞에서 연설 중인 마틴 루서 킹.
이날 그는 연설을 통해 많은 이에게 인간의
존엄성을 깨닫게 했습니다.

셋 흑인 인권 운동의 아버지, 마틴 루서 킹

마틴 루서 킹(1929~1968년)은
미국 내 흑인의 인권 운동을 이끈
개신교 목사들 중의 한 사람이에요.
흑인 노예제는 결국 폐지되었지만,
흑인에 대한 차별은 여전히 뿌리
깊게 남아 있었습니다.

1966년 존슨 대통령 옆에 앉은
마틴 루서 킹

마틴 루서 킹이 앨라배마주 몽고메리의 교회에서 일할 당시,
로자 파크스가 백인에게 자리를 양보하지 않았다는 이유로
체포되는 일이 있었습니다. 이러한 대우가 불공평하다고
생각한 마틴 루서 킹은 버스 승차 거부 운동을 지휘하며
명성을 얻었어요. 이후 애틀랜타의 침례 교회 목사로 있으며
미국 각지의 인권 운동을 지도하게 된답니다.
마틴 루서 킹은 평화적인 방법을 통해 흑인의 인권을
회복할 수 있다고 주장하고, 이를 실천했던 비폭력 인권
운동가였습니다. 그는 폭력은 진정한 문제 해결 방식이
아니라고 생각했어요. 설득과 대화, 화합을 통해서만이 진정한
대우와 가치를 인정받을 수 있다고 연설했어요. 1963년
워싱턴 대행진 때 링컨 기념관 앞에서 했던 마틴 루서 킹의
연설은 인간의 존엄성을 깨닫게 하는 명연설로 꼽힌답니다.

who? 지식사전

마틴 루서 킹을 기념하기 위해 거리로
나온 사람들

마틴 루서 킹의 날

흑인 인권의 아버지라 불리는 인권 운동가 마틴 루서 킹은 1968년 4월
4일, 테네시주의 숙소 난간에서 극우파 백인인 제임스 얼 레이의 총에 맞아
암살되었어요. 당시 마틴 루서 킹의 나이는 39세로, 그의 갑작스러운 죽음은 흑인
사회는 물론 백인 사회에도 큰 충격이었습니다. 사람들은 생전 그가 꿈꿔 왔던 인류
화합과 평등 사상을 높이 평가하여 매년 1월 세 번째 월요일을 '마틴 루서 킹의
날'이라 부르며 공휴일로 정했답니다.

넷 ‹ 행동파 흑인 인권 운동가, 맬컴 엑스

마틴 루서 킹이 비폭력적인 흑인 인권 운동을 주장했다면,
맬컴 엑스(1925~1965년)는 흑인 인권을
회복하기 위해서는 직접적인 행동이 필요하다고
생각했습니다. 흑인 가정에서 태어난 그는 어린
시절 혹독한 차별을 받으며 자라야 했어요. 친척 중
세 명이 백인 인종 차별주의자들에게 살해당했고,
아버지도 의문의 사고로 사망하자 학교를 자퇴하고
힘든 일들을 전전하며 살았습니다. 백인들의
흑인에 대한 폭력과 불평등을 깊이 체감한 그는
백인을 혐오하게 됩니다. 맬컴 엑스의 외할아버지가
백인이었기 때문에, 백인 선조가 물려준 성인
'리틀'을 버리고 '엑스(X)'라는 성을 사용하게
되었지요.

인권 운동가 마틴 루서 킹과 맬컴 엑스의 만남

이후 급진적인 해방 운동에 뛰어든 그는 마틴 루서
킹의 비폭력 운동을 강하게 비판하고, 흑인 차별에
대한 흑인들의 분노를 거침없이 표현하며 인기를 모읍니다.
그는 블랙 파워 운동을 펼치면서 "평화롭고, 친절하고,
법을 지키고, 인간을 존중하라. 그러나 너에게
폭력을 가하는 사람이 있다면, 그 사람을 똑같이
짓밟아라."와 같은 힘의 논리를 펼쳤습니다.
한때 블랙 무슬림의 조직원이었던 맬컴 엑스는
조직과 의견 차이를 보이면서 이 단체를 탈퇴해
독자적인 행동 방식을 선택했습니다. 이후 맬컴
엑스는 블랙 무슬림과 대립 관계에 놓였습니다. 결국
맬컴 엑스는 1965년 2월 21일 뉴욕에서 열린 인종
차별 철폐를 주장하는 집회에서 예전에 자신이 속해
있던 무슬림 단체에 의해 살해되었습니다.

뉴욕 맨해튼의 맬컴 엑스 거리 ⓒ Phillie Casablanca

131

6 남북 전쟁

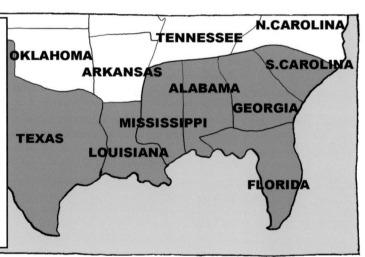

노예제 폐지를 주장한 링컨이 대통령에 당선되자, 노예제를 찬성하는 사우스캐롤라이나, 미시시피, 플로리다, 앨라배마, 조지아, 루이지애나, 텍사스 등 남부 주들의 대표는 미국 연방에서 탈퇴하여 독립을 선언하고 '아메리카 남부 연합'을 세운 뒤, 제퍼슨 데이비스를 대통령으로 선출했습니다. 그리고 북부와의 전쟁을 선포했습니다.

남부군이 사우스캐롤라이나주의 섬터 요새를 포위했다고 합니다. 현재 80여 명의 군사들이 고립되어 있습니다.

당장 스콧 장군과 장관들을 소집하게!

네.

항복을 하면 얕잡아 볼 테고, 공격적으로 대응한다면 주변의 다른 주들도 연방을 탈퇴할지 몰라.

이 일을 어찌한단 말인가!

하지만 남부군은 북부군의 배가
찰스턴 항구로 들어오자 포격을
시작했습니다.

링컨이 대통령에 취임한 지 40일 만에
결국 전쟁이 터지고 말았습니다.
한 나라의 국민들끼리 총을 겨눈
남북 전쟁이 시작된 것입니다.

그들의 공격을 막아 내기엔
역부족이었습니다.
식량 조달도 여의치 않았습니다.

정녕 그 방법밖엔
없었단 말인가.

대통령님, 전쟁은 피할 수
없게 되었습니다. 그들이 곧
북부로 향할 것이라는 말도
나돌고 있습니다.

버지니아주가
남부 연합에
합류하고 수도를
리치먼드로
정했답니다!

우리가 먼저
쳐야 합니다.

알았네.
매클래런 장군을
불러들이게.

네!

링컨은 매클래런을 북부군 총사령관에 임명하고 아메리카 남부 연합의 수도인 리치먼드로 진격할 것을 명령했습니다. 매클래런은 전술에 능한 장군이었지만 교만한 사람이었습니다.

리치먼드로 진격하시오.

지금의 군사로는 부족합니다. 병사를 더 모아 주십시오.

지금 *징병을 하면 국민들의 불안감은 더 커질 것이오. 일단 계획서대로 하면…….

전쟁이 계획대로 되는 줄 아십니까?

아무리 전쟁을 해 본 적이 없다지만 이 정도일 줄이야.

장군, 대통령님께 무례한 언행을 삼가시오!

*징병: 국가가 법령으로 병역 의무자를 강제적으로 징집해 일정 기간 병역에 복무시키는 일

링컨은 종종 부상당한 병사들이 입원해 있는 병원을 찾아가 그들을 위로했습니다.

저 병사는 부상이 심한 데다 너무 늦게 이송되는 바람에 더 이상 손을 쓸 수가 없었습니다.

살릴 수 없다는 말입니까?

네.

내가 당신을 도울 일이 없겠습니까?

그러니 제가 먼저 떠나더라도
너무 슬퍼하지 마세요.
신께서 어머니와 아버지를
축복해 주실 거예요.

당신의 자랑스러운 아들을 대신해
에이브러햄 링컨이 이 편지를
전합니다.

대통령님,
전보가······.

쉿!

대통령? 정말
링컨 대통령이신가요?

그렇소. 내가 더
도울 일이 없습니까?

제 손을 좀 잡아 주세요. 그러면 마음 편히 떠날 수 있을 것 같아요.

두려워 말며, 놀라지 말라. 네가 어디로 가든지 네 하나님 여호와가 너와 함께하느니라.

스윽

링컨은 청년의 손을 잡고 그가 숨을 거둘 때까지 따뜻한 용기의 말들을 나지막이 들려주었습니다.

청천벽력 같은 일이었습니다.
이미 둘째 아들을 잃은 링컨은 셋째 아들
윌리엄 월리스 링컨마저 떠나보내야
했습니다. 그의 가슴은 무너져 내렸습니다.

으흑흑.

며칠째 식사도
하지 않으셨어.

문 좀 열어
주십시오!

똑 똑

각하

대통령님,
괜찮으십니까?

에이브러햄 링컨

매클래런 장군이
명령을 어기고
진격을 늦췄답니다.

그래서?

남군이
메릴랜드주까지
침공했습니다.

그들에게 쉴 시간을
준 셈이군. 상황은
어떤가?

우리 군이
밀리고 있습니다.
이러다 질지도
모릅니다.

이 전쟁의 목적은 승리가
아니네. 분열된 나라를
극복하고 미합중국을
유지하는 것임을
잊지 말게나.

죄송합니다.

매클래런 장군을
만나야겠네.

대통령님! 그곳은
위험합니다. 직접 가시면
안 됩니다.

전쟁의 결과가 북부군에게
불리하게 진행되고 있을 때
뜻밖의 소식이 들려왔습니다.

대통령님!
이겼습니다.

뭐라고?

됐어!
드디어 해냈어.

매클래런 장군이
앤티텀에서
남군을 물리쳤답니다.

어디 보세.

마침내 1862년 9월,
메릴랜드주의 앤티텀 전투에서
북부군이 첫 승리를 거두었습니다.

장군에게 당장 전보를
보내게. 남군을 곧장
추격하라고! 절대 틈을
줘서는 안 돼.

네!

수고했다는 말도
잊지 말고 전하게.

알겠습니다.

존, 앤티텀으로
가야겠네. 준비해 줘.

그토록 목말라 하던 승리 소식을 들은 링컨은 병사들의 노고를 *치하하기 위해 전장으로 향했습니다.

고생했소.

아닙니다, 대통령님.

고맙소.

감사합니다.

*치하: 남이 한 일에 대해 고마움이나 칭찬의 뜻을 표시하는 것

링컨 이전의 미국 사회

하나 **단돈 1,500만 달러로 산 루이지애나**

미국의 옛 영토는 서쪽으로 미시시피강을 경계로 동쪽
지역에 국한되어 있었습니다. 하지만 이미 많은 미국인들이
미시시피강과 그 지류인 오하이오강에 의존해서 살고
있었답니다. 미국인이 미시시피강 쪽으로 가기 위해서는 강의
하류에 위치한 도시인 뉴올리언스를 지나야 했어요. 당시
뉴올리언스는 프랑스의 영토였는데, 미국의 제퍼슨 대통령은
프랑스로 특사를 보내 뉴올리언스를 포함한 루이지애나라는
넓은 땅을 1,500만 달러에 사게 된답니다. 땅의 규모나
가치에 비하면 아주 싼값이었지요.

미국은 루이지애나를 사들여 영토를 크게 넓힐 수
있었습니다.

둘 **미국 정치 체제의 확립**

현재 미국의 정치 체제인 양당제를 확립한 사람은 미국의
제7대 대통령이었던 앤드루 잭슨입니다. 남북 전쟁 직전에
공화당이 생겨 기존 세력이었던 휘그당의 자리를 대신하게
됨으로써 오늘날까지 민주당과 공화당의 양당제가 이어지게
되었습니다.

who? 지식사전

앤드루 잭슨 대통령

미국의 제7대 대통령
앤드루 잭슨

앤드루 잭슨(1767~1845년)은 미국의 제7대 대통령으로 서부 지역에서 태어났습니다. 그가
어린 시절을 보냈던 당시 미국은 독립 전쟁이 한창이던 시기였어요. 잭슨은 변호사를 거쳐 지역
검찰장, 의원, 법관, 민병대 소장 등을 두루 역임했습니다. 1824년에 첫 대통령 경선에서는
패했지만 그 후 두 번째 도전에 승리하여 민주당 출신의 첫 대통령이 되었고 임기를 마친 후 다시
한번 대통령의 자리에 오르는 데 성공합니다. 그는 대통령의 직권을 크게 강화했고 선거권의
범위를 확대시켜 일반 사람들이 정치에 적극적으로 참여할 수 있는 계기를 마련했어요.

셋   인디언들의 '눈물의 길'

19세기 초 아메리카 대륙의 원주민들인 인디언은 미국
남동부에 살고 있었습니다. 그런데 미국이 이 땅을 차지하기
위해 인디언들에게 강제 이주 명령을 내렸고, 이들은 고향에서
2,000킬로미터나 떨어진 미시시피강 서부의 허허벌판으로
쫓겨났습니다. 인디언이 미국 기병대에 쫓겨 눈물을 흘리며
떠난 사건을 '눈물의 길' 또는 '눈물의 행로'라고 합니다.
인디언들은 서부로 이주하던 도중에 질병과 혹독한 추위,
굶주림에 시달려야 했습니다. 이로 인해 4,000여 명 이상의
인디언 부족들이 죽어 갔어요.
1839년에 이르러서야 인디언들의 강제 이주는 끝이 났고,
오늘날 미국 인디언들의 자취는 그들의 옛 고향에 여전히
남아 있답니다.

인디언들은 자신들의 터전에서 쫓겨나 인디언
특별 구역에 강제 이주됐습니다.

넷   아메리카 · 멕시코 전쟁

루이지애나주를 구입한 후 미국인들은 서부로 움직이기
시작했습니다. 이 시기에 미국과 인접 국가인 멕시코에서는
텍사스의 독립 전쟁이 벌어지고 있었어요. 텍사스는
멕시코와 싸워 독립을 쟁취했지만 멕시코는 이를 인정하지
않고 있었죠. 그런데 텍사스가 미국의 연방 정부로
편입하면서 멕시코와 미국은 서로 텍사스의 소유권을
주장하게 돼요. 결국 1846년, 미국과 멕시코 사이에
전쟁이 벌어졌습니다. 이 전쟁은 미국의 일방적인 승리로
돌아갔어요. 이후, 미국은 멕시코의 평화 협정 요청을
수락해서 과달루페 이달고 조약을 맺게 된답니다. 이
조약으로 미국은 멕시코로부터 뉴멕시코, 캘리포니아,
콜로라도, 와이오밍주 등을 사 왔고, 서부 개척 시대의
황금기를 맞이하게 되었어요.

아칸소주에 표시된 '눈물의 길' 팻말. 아메리카
대륙의 인디언들은 자신이 살던 곳에서 쫓겨나
먼 여정을 떠나야 했고, 많은 이들이 추위와
굶주림으로 사망했습니다.

멕시코와 미국의 전쟁은 당시 미국 대통령 제임스
포크의 이름을 따서 포크 전쟁이라고도 합니다.

다섯 서부 개척기 '골드러시'

1830년대를 시점으로 미국은 미시시피강을 넘어 서쪽으로 개척을 시작했습니다. 인디언들과 전쟁을 치르고 서부로의 길이 열리자 수많은 사람들이 모여들었습니다. 특히 1848년 캘리포니아의 새크라멘토 인근에서 금이 발견되었는데, 이 소식이 전해지자 많은 사람들이 일확천금(힘들이지 않고 단번에 많은 재물을 얻음)을 노리고 몰려들었습니다. 이것이 바로 유명한 '골드러시'입니다. 많은 사람들이 금을 얻기 위해 몰려들었음을 뜻하는 말입니다.

본격적인 골드러시는 1849년에 시작되었습니다. 그해 약 10만 명에 달하는 사람들이 금광 지대로 몰려들었어요. 미국에서만이 아니라 세계 곳곳에서 많은 사람들이 유입되면서 새크라멘토 인근에는 샌프란시스코라는 거대한 도시가 한순간에 생겨났습니다. 금을 찾아오거나 차지하는 과정에서 많은 사람들이 죽거나 다치는 일도 있었습니다. 워낙 많은 사람이 몰려들었기에 곧 이 지역의 금은 고갈되었고, 금을 찾아왔던 사람들은 다른 곳으로 떠났습니다. 하지만 골드러시를 계기로 미 서부 지역은 급격한 발전을 이룰 수 있었습니다.

미국 인구 조사국에서는 서쪽의 13개의 주를 미국 서부로 나눕니다. ⓒ Jay Carriker

who? 지식사전

서부 개척기의 모습

캘리포니아로 황금을 캐러 가자는 전단지

금을 찾아 서부로 몰려온 사람들

서부 개척기의 상징인 카우보이

교통 혁명

영토가 확장되어 빠른 교통망이 필요해지자, 미국은 운하와
철도를 건설했습니다. 이때부터 적은 비용과 시간으로 먼
거리 운송이 가능하게 되었지요.

로버트 풀턴의 증기선. 1820~1830년대 미국의
중요한 운송 수단이었습니다.

먼저 1820년대와 1830년대는 운하의 시대였습니다.
운하란 배가 다닐 수 있도록 육지에 물길을 놓은 것을 말해요.
1807년 미국의 로버트 풀턴이 증기 기관을 이용해 항해할
수 있는 배를 만들어 실험에 성공했습니다. 이후 1830년대
들어 증기선이 실용화되었는데, 미국인들은 서부로 목재 등을
운반하는데 증기선을 유용하게 사용할 수 있었습니다.

1830년대 이후에는 보다 안전하면서도 경제적인 철도가 미국
곳곳에 놓이게 되었습니다. 미국은 1830년에 볼티모어와
오하이오주에 철도를 개통시켰고, 1869년에 이르러서는 대륙
횡단 철도를 개통하였습니다. 동부와 서부를 잇는 철도는
운하를 이용하는 것보다 더 저렴하고 안전하게 물건을
운송하였고, 철도를 만드는 과정에 있어서도 노동이나
자원이 활발하게 이동하며 미국의 경제는 크게 발전할
수 있었습니다.

로버트 풀턴은 상업적 증기선을
만들었습니다.

1830년대 이후 철도가 놓이며 증기 기관차는
미국 경제의 성장을 이끌었습니다.

1800년대 세계의 이모저모

1804년: 프랑스에서 나폴레옹 1세가 즉위합니다.
1806년: 신성 로마 제국(962~1806년 사이의 독일
　　　　제국)이 멸망합니다.
1830년: 프랑스의 7월 혁명이 일어납니다.
1840년: 아편 전쟁이 발발합니다.
1842년: 영국과 청의 난징 조약이 체결됩니다.
1848년: 마르크스가 《공산당 선언》을 발표합니다.

1851년: 나폴레옹의 쿠데타가 일어납니다.
1859년: 다윈이 《종의 기원》을 출간합니다.
1861년: 이탈리아 왕국이 성립합니다.
1871년: 독일 제국이 재건합니다.
1882년: 독일, 오스트리아, 이탈리아가 삼국 동맹을
　　　　맺습니다.
1896년: 제1회 올림픽 대회가 개최됩니다.

7 노예 해방 선언

승리를 이끈 매클래런이 총사령관 자리에서 물러나자 링컨은 헨리 핼럭을 북부군의 총사령관으로 임명했습니다. 그리고 링컨은 오랫동안 고심했던 노예 해방 문제를 매듭짓기로 합니다.

나는 오늘 중요한 결단을 내렸습니다.

노예 제도를 없애지 않고서는 이 나라가 바로 설 수 없어.

전쟁의 원인인 노예 제도를 폐지하지 않고 전쟁을 계속하는 것은 무의미합니다.

불난 집에 기름을 붓는 격입니다. 다시 한번 생각하십시오.

내 결심은 변하지 않습니다. 반대 의견은 용납하지 않겠어요.

벌떡

결단을 내린 링컨은 쓰고 고치기를 수없이 반복하며 노예 해방 선언문을 작성합니다.

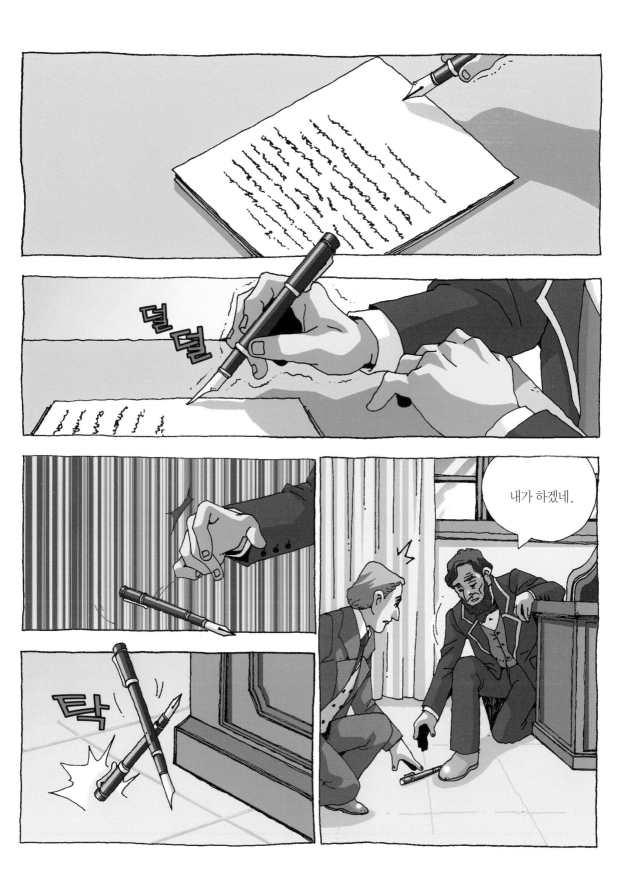

1863년 1월 1일, 링컨은 노예 해방 선언문을 발표합니다.
이것은 미국 역사에 한 획을 긋는 중대한 일이었습니다.
이 선언으로 미국은 새로운 국가로 다시 태어났습니다.

현재 미국에 대하여 반란 상태에 있는 주, 또는 일부 지역의 노예들은

1863년 1월 1일 이후부터 영원히 자유의 몸이 될 것이다.

육·해군 당국을 포함하여 미국의 행정부는 그들의 자유를 인정하고

지켜줄 것이며, 그들이 진정한 자유를 얻고자 노력하는 데에

어떠한 제약도 가하지 않을 것이다.

미국의 대통령인 나, 에이브러햄 링컨은

1863년 1월 1일부터 그 후 100일 동안, 아래 주와 일부 지역을

반란 주로 지명하는 바이다.

아칸소, 텍사스, 루이지애나, 미시시피, 앨라배마, 플로리다,

조지아, 사우스캐롤라이나, 노스캐롤라이나, 버지니아.

나는 이상의 지역에 노예로 있는 모든 사람이 이제부터

자유의 몸이 되었음을 선포한다.

그리고 육군과 해군 당국을 포함하여 미국의 행정부는

위 사람들의 자유를 인정하고 유지할 것이다.

나는 자유가 선언된 위의 노예들에게 자기 방어를 위해

필요한 경우가 아니라면 모든 폭력 행위를 삼갈 것을 명한다.

그리고 그들에게 적합한 임금을 벌기 위하여 충실히 노동할 것을 권유하는 바이다.

또한 위의 노예들 중 적합한 조건을 갖춘 자는

미국 군대에 입대하여 요새, 진지 및 기타 부서에 배치되고,

모든 종류의 선박에도 배치될 것임을 알린다.

1863.1.1
Abraham. Lincoln.

선언문이 발표되자, 노예 제도 폐지를 원했던
사람들과 억압에서 풀려난 흑인들은
기뻐했습니다.
하지만 남부군의 저항은 더욱 거세졌습니다.

와아아

조건을 갖추면
입대도 가능하다고?

우리도 미국 군인이
될 수 있다는 얘기야?

아, 그럼 당장
북부군에 지원해야지!

당연하지! 대통령께서
우리를 풀어 주셨는데
우리도 힘을 보태야지.

여전히 곳곳에서 일어나는 치열한
전투 속에 사상자는 늘어갔습니다.
북부군이 계속해서 전투에서 패하자
사기는 바닥까지 떨어졌습니다.

장군,
퇴각해야 합니다.
어서 퇴각 명령을
내려 주십시오!

지원 부대가 곧
도착할 것입니다.
그때까지는
버텨야 합니다.

전군은
퇴각하라!

전쟁은 끝날 기미가 보이지 않았고, 링컨의 마음은 초조했습니다.

남부군의 리 장군이 7만 5천 명의 대군을 이끌고 펜실베니아로 향하고 있습니다.

우리 군은 아직 메릴랜드에 있는가?

네.

이번 전투로 전쟁의 승패가 판가름 날 걸세.

무슨 일이 있어도 막아야 하네. 미드 장군을 지휘관으로 앉히게.

네!

1863년 7월 1일, 게티즈버그라는 작은 마을에서
남북 전쟁 사상 가장 치열한 전투가 시작되었습니다.

병사들의 시체는 산처럼 쌓이고
게티즈버그는 피로 물들었습니다.

네.

그들을 위한 묘지를 만들어야겠네.

링컨은 전사자들의 묘지를 만들고 추도식을 하기 위해 게티즈버그로 향했습니다.

1863년 11월 19일, 게티즈버그에는 15만 명이 넘는 사람들이 모여들었습니다.

링컨의 연설은
2분 남짓한 짧은 내용이었지만
사람들에게 큰 감명을 주었습니다.

알았네.

링컨은 전쟁을 끝내고자 하는 의지가 강한 인물을
찾았고, 그랜트 장군을 총사령관에 임명했습니다.
그랜트 장군은 강직하고 추진력이 뛰어난
사람이었습니다.

퍼 펑

펑

하지만 전쟁은 여전히 계속되었고
끝날 기미가 보이지 않았습니다.

펑...

펑...

민주 정치를 실현한 링컨

게티즈버그 국립 묘지에 세워진 링컨의 연설 기념비
© David Gil

"국민의, 국민에 의한, 국민을 위한 정부"라는 링컨의 게티즈버그 연설은 세계에서도 가장 유명한 연설 중 하나로 손꼽힙니다. 민주주의와 그것의 가치를 이보다 더 간결하게 설명하기 쉽지 않기 때문이지요. 이처럼 링컨은 국민이 나라의 주인이며, 정부는 국민을 위해 일한다는 민주주의의 가치를 되새기며 남북 전쟁에서 숨진 사람들의 넋을 기렸습니다.

하나 민주주의의 시작

민주주의는 고대 그리스에서부터 유래되었어요. 그리스의 시민들이 아고라라는 광장에 모여 직접 국가의 정치에 대해 토론한 것이 민주 정치의 형태로 발전했지요. '민주주의'를 영어로는 데모크라시(Democracy)라고 하는데, 이 말의 어원 역시 고대 그리스어의 데모스(민중, 시민)와 크라티아(권력 또는 지배)의 합성어인 데모크라티아(인민에 의한 지배)랍니다.

who? 지식사전

민주 정치와 법

민주주의란 국민이 권력을 가지고 스스로 그 권력을 행사하는 하나의 사상입니다. 민주주의를 바탕으로 행해지는 국민에 의한 정치를 민주 정치라고 하지요. 민주주의에 입각하여 민주 정치가 이루어지는 나라에서는 주권이 국민에게 있고, 국민의 의사가 직접 혹은 간접적으로 반영이 됩니다. 그러나 때때로 '과연 이것이 민주적인가?'라는 의문을 품게 될 때가 있습니다. 그 의문을 풀어 주는 것은 '법'입니다. 모든 사람은 법 앞에서 평등하며, 법에 따른 권리와 동시에 법을 지켜야 하는 의무를 가지게 된답니다. 법이 잘 지켜졌을 때, 비로소 진정한 민주 정치가 실현되었다고 할 수 있답니다.

고대 그리스에서는 시민의 자격을 갖춘 사람만이 직접 정치에 참여할 수 있었습니다. 시민의 조건은 남자, 노예가 아닌 자, 자국민, 일정 규모 이상의 재산을 가진 자 등 여러 가지가 있었어요. 당시만 하더라도 여자나 노예, 외국인은 시민권을 얻을 수 없었습니다. 이런 조건에 맞는 시민의 수는 전체 인구에 비하면 소수였습니다. 이곳에서는 시민권을 가진 사람에 한해 정치적 결정에 직접 참여하는 직접 민주주의가 실시되었어요.

현대 국가에서는 고대에 비해 영토도 넓고 사람도 많은 데다, 구성원도 다양하기 때문에 직접 민주주의를 실현하기가 어렵습니다. 그래서 국민이 대표자를 선출하여 정부나 의회를 구성하는 간접 민주주의를 시행하게 되었어요. 간접 민주주의는 대의 민주주의라고도 하는데 '국민 투표' 같은 직접 민주주의의 요소를 포함하고 있습니다. 현대 국가 중 스위스와 미국의 일부 주에서 직접 민주주의가 실시되고 있습니다.

고대 그리스에서는 시민들이 광장에 모여 정치를 논의했어요.

둘 **민주주의와 군주주의**

민주주의 국가에서 주권은 국민에게 있습니다. 국민은 자신의 통치자와 통치 체제를 선택하고 바꿀 수 있는 주체가 됩니다. 또한 모든 국민은 법 앞에 평등한 대우를 받습니다.

반면 군주주의 국가에서는 군주로 대표되는 통치자에게 주권이 있습니다. 국민은 군주의 지배 이념과 통치 방식에 따라야 합니다. 또한, 군주의 자리는 대개 세습되며, 신분에 따라 갖게 되는 권리와 수행해야 하는 의무도 다른 경우가 일반적입니다.

민주주의 국가에서는 국민이 자유롭게 의견을 표현할 수 있습니다. ⓒ Jonathan McIntosh

투표는 의사를 표현하는 도구입니다.

셋 국민의 정치 참여

정치 참여는 시민들이 정치적 결정에 영향을 끼치기 위해 행하는 모든 행동들을 포함합니다. 여러 사람이 다양한 의견을 제시하고, 정치에 관심을 가질 때 민주 정치도 더욱 발전할 수 있어요.

국민은 어떻게 정치에 참여할 수 있을까요? 투표나 정당 활동을 통해 직접적으로 참여할 수도 있고, 시민 단체에 가입하거나 언론을 통해 국민의 의사를 알리는 방법도 있습니다. 보다 구체적인 활동 내용은 다음과 같습니다.

- **선거 참여:** 선거를 통해 국민을 대신해 정치를 할 대표자를 뽑습니다.

- **국민 투표:** 선거 이외에 국가의 중요한 정책에 관해 투표를 하는 것입니다.

- **정당 활동:** 정당은 정치적인 생각이나 주장이 같은 사람들이 조직한 단체로, 직접적인 정치 활동을 합니다.

- **사회 활동 참여:** 시민 단체나 비정부 기구 등에 가입해 정부 정책과 국민의 대표자들을 감독합니다. 잘못된 정책이 있다면 이를 비판하고 고칠 것을 요구합니다.

- **언론 활동:** 신문이나 텔레비전, 인터넷 등을 통해 자신의 의견을 알리고, 토론 프로그램에 참여하거나, 정치와 관련된 설문 조사에 응하는 일입니다.

토론을 통해서 의견을 제시하고 문제를 해결할 수 있습니다.

넷 시민 단체

시민 단체는 보다 나은 사회를 만들고 더 발전된 국가를 위하여 자발적으로 조직해서 활동하는 모임입니다. 사람들이 더 나은 생활을 할 수 있도록 노력하는

집단이지요. 시민 단체는 정치, 교육, 사회, 문화 등
다양한 분야에서 활동하고 있습니다. 선거가 올바르게
진행되는지 감시하고, 환경을 보호하기 위해서
노력하는 등 많은 활동을 한답니다.

단체의 성격에 따라 하는 일에 차이가 있기는 하지만,
대체적으로 시민 단체는 사회의 문제점을 모아서
정부에 의견을 제시합니다. 정부가 행하는 국정
사업과 정책을 검토하여 잘못된 부분이 있으면
지적하고 수정할 것을 요구하지요. 이 과정에서 시민
단체는 국민의 알 권리를 제공하고 국민들이 다양한
의견을 펼칠 수 있도록 합니다.

시민 단체가 의견을 전달하면 해당 기관은 의견을
검토한 뒤 정책에 반영하거나 보완하기도 합니다.
이처럼 시민 단체는 사회 전체의 이익을 위해서
다양한 영역을 감시하고, 문제를 해결할 수 있는
대안을 제시합니다.

환경 감시 단체의 요원이 유해 물질이 방출되는지
살피고 있습니다.

전쟁 반대를 위해 시위를 하고 있는 모습입니다. 시민 단
체는 사회 전체의 이익을 위한 일을 합니다.

who? 지식사전

지뢰 금지 운동을 펼친 시민운동가, 조디 윌리엄스

더 나은 사회를 만들기 위해서 할 수 있는 일로는 무엇이 있을까요? 오늘날
사람들은 정부를 감시하는 일에서부터 동물을 보호하는 일 등 자신이 발견한
사회의 문제를 해결하기 위해 적극적으로 참여하고 있습니다. 그 중 조디
윌리엄스는 미국의 시민운동가로, 지뢰 금지 운동을 펼쳐 세계의 많은 나라로부터
대인지뢰(사람을 죽이거나 다치게 하려고 만든 지뢰) 사용을 금지하겠다는 약속을
받아냈습니다. 이러한 공로를 인정받아 1997년 노벨 평화상을 받았고, 지금도
전쟁으로 인한 사람들의 피해를 막기 위해 여러 활동을 하고 있습니다.

조디 윌리엄스 ⓒ Justin Hoch

8 자유와 평등을 남기고

끝나지 않는 전쟁과 늘어나는 사상자들에 절망한 국민들은 링컨의 지도력을 의심하기 시작했습니다.

저놈들은 지치지도 않나? 끊임없이 올라오네.

집에 가고 싶다.

누가 아니래. 도대체 누구를 위한 전쟁인지 모르겠어.

전쟁이 시작된 지 3년이 지난 뒤부터
북부군의 승리 소식이 들려왔습니다.
북부의 장군들이 조지아주
애틀랜타를 시작으로 남부의 주들을
차례로 함락한 것입니다.

링컨에 대한 비난은 점점 수그러들었고
링컨은 대통령에 다시
당선되었습니다.

링컨이 대통령에 취임하고
한 달 후인 1864년 4월 3일,
북부군은 아메리카 남부 연합의
수도인 리치먼드를 *함락했습니다.

리치먼드로
가야겠네.

마침내 남부군 총사령관 리 장군은 항복을 선언했고
4년간 60만 명의 목숨을 빼앗은 참혹한 남북 전쟁은
끝났습니다. 링컨의 노예 해방 선언문에 따라
남부의 흑인 노예들도 모두 해방되었습니다.

와아아아

와

전쟁이
끝났다!

드디어
끝났어!

와

만세!

만세!

와

*함락: 적의 성이나 요새 따위를 공격해 무너뜨리는 것

에이브러햄 링컨

1865년 4월 14일,
링컨은 아내와 연극을 보기 위해
포드 극장을 찾았습니다.

헨리!
오랜만이군.

예,
오셨습니까!

약혼녀분도 함께
오셨군요.

뵙게 되어
영광입니다.

링컨은 자신에게 다가올 위험을 모른 채
오랜만에 달콤한 휴식을 즐기고 있었습니다.

한창 연극이 재미있게 진행되고 있을 무렵,
웃음으로 가득한 포드 극장에 한 발의
총성이 울렸습니다.

총을 쏜 사람은 남부 출신의 존 윌크스 부스였습니다.
그는 노예 제도 찬성론자로 링컨에게 불만을 가지고
끔찍한 일을 저질렀습니다.

울지 말아요,
메리.

여보!

나에게 주어진 일은
다한 것 같구려.
신께서 날 데리러
오신 걸 보니.

안 돼요!

1865년 4월 15일,
링컨은 끝내 숨을 거두었습니다.

링컨은 그가 처음으로 정치계에 진출했던
일리노이주의 스프링필드에 묻혔습니다.
그를 애도하기 위해 나온 수많은 사람들의
행렬로 시신을 스프링필드까지 옮기는
데만 몇 주가 걸렸습니다.

링컨은 가난한 개척자의 아들로 태어나 홀로
공부하며 열심히 일했습니다. 젊은 시절에는
큰 빚을 떠안고도 이를 갚기 위해 성실히 일하며
많은 사람들의 신뢰를 쌓은 정직한 사람이었습니다.
그는 정치에 입문한 후에도 여러 번
실패했지만 굴하지 않았고,
이길 때까지 싸웠습니다.

링컨은 "모든 사람은 평등하고 자유로워야 한다."는 믿음으로
흑인 노예들을 해방시켰고, 전쟁에서 승리한 뒤에는 적들까지
넓은 마음으로 끌어안았습니다. 또 많은 것을 잃고 아파하면서도
다른 사람들의 아픔을 먼저 헤아리고 위로했습니다.
어려운 상황에서도 미래에 대한 희망을 잃지 않았던 그는
미국 역사상 가장 위대한 대통령으로 존경받고 있습니다.

who?와 함께라면 미래가 보인다

어린이
진로 탐색

변호사

어린이 친구들 안녕?
에이브러햄 링컨 이야기 재미있게 읽었나요?

그렇다면 이제부터
에이브러햄 링컨이 꿈을 키워 가는 과정을 함께 되짚어 보며
그가 활동한 분야와 그 분야에 속한 다양한 직업에 대해
살펴봐요!

또한 여러분에게는 어떤 장점과 적성, 가능성이
숨어 있는지 찾아보면서
그것을 어떻게 진로와 연결시킬 수 있는지에 대해서도
알아봅시다!

그럼 지금부터
여러분이 멋진 꿈을 향해 나아갈 수 있도록 도와줄
진로 탐색을 시작해 볼까요?

자기 이해부터
진로 체험까지,
다양한 진로 탐색
활동을 시작해 봐요!

가장 많은 영향을 받은 책은 무엇인가요?

어린 시절 에이브러햄 링컨은 대단한 책벌레였어요. 가난해서 책을 살 돈이 없었던 링컨은 마을 사람들에게 책을 빌려 읽곤 했지요. 때로는 멀리 떨어진 곳도 마다하지 않고 찾아가서 책을 빌렸어요. 특히 《조지 워싱턴 전기》, 《로빈슨 크루소》, 《성경》 세 권의 책은 링컨에게 큰 영향을 미쳤답니다.

여러분에게도 생각이나 감정 등에 영향을 준 책이 있나요? 그 책은 어떤 책인지, 또 그 책으로부터 어떤 영향을 받았는지도 함께 적어 보세요.

책의 제목:

내가 그 책으로부터 영향을 받은 점:

진로
탐색
STEP 2

'나'에 대해 인터뷰하기

'나'를 잘 알기 위해서 스스로에 대해 생각해 보는 것은 물론 다른 사람의 눈을 통해
자신을 보는 것도 중요합니다. 에이브러햄 링컨은 성실하고 정직하다고 온 마을에
칭찬이 자자했지요. 여러분의 주변 사람들은 여러분을 어떤 사람이라고 생각할까요?
가족, 친구, 선생님 등 나를 잘 알고 있는 사람을 찾아가 자신에 대해 물어보세요.
내가 생각하는 '나'와 다른 사람이 생각하는 '나'의 모습이 같을 수도 있지만, 다를
수도 있답니다.

내가 생각하는 '나'	( )이/가 생각하는 나
나의 성격은?	나의 성격은?
내가 잘하는 것은?	내가 잘하는 것은?
내가 좋아하는 것은?	내가 좋아하는 것은?

변호사 출신 대통령은
누가 있을까요?

에이브러햄 링컨은 변호사로서 명성을 쌓고, 법을 배운 뒤에는 정치가로 활약하며
대통령이 되었어요. 변호사로 일했던 경험을 가진 다른 대통령은 또 누가 있을까요?
대표적인 사람이 우리나라의 노무현 대통령과 미국의 버락 오바마 대통령이지요.
두 사람에 대해 조사해 보고 링컨과 비슷한 점은 무엇이고 다른 점은 무엇인지
살펴보세요.

노무현	버락 오바마
✳ 비슷한 점	✳ 비슷한 점
✳ 다른 점	✳ 다른 점

법과 관련된 직업을 알아보아요!

에이브러햄 링컨은 변호사가 되어 억울한 일을 당한 사람들을 위해 일했지요. 변호사는 소송을 제기한 사람이나 죄를 저지른 사람을 위해 법정에서 그 사람의 입장을 대신 주장해요. 변호사 외에도 법과 관련된 직업들이 있어요. 다음의 직업들을 살펴본 후 각 직업마다 가장 필요한 능력이 무엇인지 생각해 본 뒤, 왜 그 능력이 필요한지도 적어 보세요.

판사

하는 일:
법정에서 검사와 변호사가 벌이는 논쟁 및 증인의 진술, 증거 등의 자료를 검토해서 어느 쪽이 옳고 그른지 판결을 내립니다.

✳ **무엇이 필요할까요?**

• 올바른 결정을 내릴 수 있는 논리적인 사고력이 필요해요.

•

검사

하는 일:
범죄 사건이 있을 때 혐의가 있는 사람을 만나 이야기를 듣고 다양한 증거를 모아 분석합니다. 죄가 있다고 생각할 경우 법원에 기소해서 적절한 벌을 받도록 합니다.

✳ **무엇이 필요할까요?**

•

•

변호사가 된다면?

언젠가 변호사가 되어 법정에 선 내 모습을 상상해 보세요. 어떤 의뢰인을 변호하게
될까요? 그리고 법정에서 의뢰인을 위해 어떤 말을 하게 될까요? 다음 예를
참조하여 변호해 보세요.

의뢰인: 저 사람이 저에 대해 사실이 아닌 얘기를 퍼뜨렸어요.
변호사: 제 의뢰인은 거짓 소문에 의해 큰 피해를 입었습니다. 친하게
지내던 친구들과 멀어졌고 가족에게도 안 좋은 말을 들었습니다. 제
의뢰인은 극심한 스트레스로 병원까지 다녀야 했습니다. 이에 대해
피고인(고소를 당한 사람)에게 엄중한 책임을 물어야 합니다.

✳ **의뢰인:** 제가 외국인이라는 이유로 회사에서 차별을 받았어요.

✳ **변호사:**
  ....
  ....
  ....
  ....

✳ **의뢰인:** 제가 불을 질렀다고 하는데 전 억울해요. 이건 누명이에요.

✳ **변호사:**
  ....
  ....
  ....
  ....

법원전시관을 방문해요!

대법원은 사법부의 최고 기관으로,
서울시 서초구에 위치하고 있어요.
이곳은 최종 심판을 담당하며,
이외에도 여러 가지 중요한 재판을
진행한답니다. 대법원 1층에는
누구나 관람할 수 있는 법원전시관이
있어요.

대법원 1층에 위치한 법원전시관

애니메이션과 전자책 등을 통해 쉽고 재미있게 법과
법원에 대해 알아볼 수 있어요.

법원전시관에는 법의 의미와 현재 법원의
역할과 미래에 대해서 알 수 있는 법과
법원실, 1948년 대한민국 건국 이후부터
현재까지 법원의 역사를 살펴볼 수 있는
법원 역사실이 있어요. 또한, 애니메이션과
전자책, 미디어테이블 게임을 통해
어린이들이 법과 법원을 쉽고 재미있게
알아볼 수 있는 어린이 법 체험실, 기획
전시실로 이루어져 있답니다.
법원전시관에서는 이외에도 전시 해설, 판사 체험 등 다양한 체험 프로그램도
운영하고 있어요. 대법원 홈페이지(museum.scourt.go.kr)에서 미리 알아보고 신청할
수 있습니다.

법원전시관 관람 안내

* **관람 시간:** 09:30~17:30
  매주 토, 일요일 및 국경일 등 공휴일 휴관
* **주소:** 서울특별시 서초구 서초대로 219
* **이용료:** 무료

에이브러햄 링컨

1809년		미국 켄터키주에서 태어났습니다.
1815년	6세	인근의 작은 학교에 다니며 책을 접하게 됩니다.
1818년	9세	어머니 낸시 링컨이 병으로 세상을 떠납니다.
1819년	10세	아버지의 재혼으로 새어머니 세라 부시 존스턴과 가족이 됩니다.
1827년	18세	오하이오에서 뱃사공 일을 합니다.
1831년	22세	덴턴의 부탁으로 뉴올리언스까지 동행합니다.
1832년	23세	일리노이주 주 의원 선거에 휘그당원으로 출마하지만 낙선합니다.
		윌리엄 베리와 동업으로 상점을 엽니다.
1833년	24세	뉴세일럼의 우체국장이 됩니다.
		상점이 문을 닫고 동업자가 사망하자 많은 빚을 떠안게 됩니다.
1834년	25세	휘그당원으로 일리노이주 주 의원에 당선됩니다.
1837년	28세	법률 공부를 하여 변호사 시험에 통과합니다.
		제2의 고향인 스프링필드로 이사를 합니다.
1840년	31세	정부통령 선거 위원에 출마하지만 낙선합니다.
1842년	33세	메리 토드와 결혼합니다.
1846년	37세	하원 의원에 당선되어 워싱턴으로 진출합니다.
1847년	38세	노예 해방을 주장하지만 다른 의원들의 냉대로 좌절합니다. 하원 의원직을 마치고 변호사 일에만 매진합니다.

1854년	45세	공화당에 입당해 상원 의원 선거에 출마하지만 민주당의 스티븐 더글러스에게 패합니다.
1858년	49세	다시 상원 의원 선거에 입후보하지만 낙선합니다.
1860년	51세	미국 제16대 대통령에 당선됩니다.
1861년	52세	2월, 노예 제도를 찬성하는 남부 7개 주가 미국 연방 탈퇴를 선언하고 아메리카 남부 연합을 세웁니다. 4월, 남부군의 섬터 요새 공격으로 남북 전쟁이 시작됩니다.
1862년	53세	9월, 메릴랜드주의 앤티텀 전투에서 북부군이 처음으로 승리합니다.
1863년	54세	1월, 노예 해방 선언문을 발표합니다.
1864년	55세	11월, 미국 대통령에 다시 당선됩니다.
1865년	56세	4월 9일, 남부군의 항복으로 남북 전쟁이 끝납니다. 4월 14일, 워싱턴의 포드 극장에서 연극을 보던 중, 존 윌크스 부스의 총에 맞습니다. 4월 15일, 숨을 거둡니다.

찾아
보기